Le Poulailler
métaphysique

Xavier Galmiche

Le Poulailler métaphysique

Le Pommier

ISBN 978-2-7465-2345-6
Dépôt légal – 1re édition : 2021, août

170 *bis*, boulevard du Montparnasse, 75014 Paris

Exercices d'empathie

BASSES ŒUVRES

L'autre jour, j'ai tué ma volaille : un vieux canard dont le renard avait emporté le dernier compagnon et qui traînait sa neurasthénie sur le bord de la mare ; une poule bleue boiteuse. C'est l'habitude, avant un sacrifice : afin de les avoir sous la main le moment venu, tu vas, la veille au soir, saisir dans leur sommeil les bêtes condamnées, tu les enfermes pour la nuit.

Mon canard, j'avais pris le temps - quelques jours - pour l'attraper. Le rapt de son comparse l'avait rendu méfiant ; bête solitaire, craintif de nature, toujours sur le qui-vive, il s'éloignait instinctivement quand il me sentait venir, avant même de me voir. Mais je l'attirai en lui préparant un seau de vieux pain dans un coin dont il ne pourrait s'échapper, et quand, de l'autre bout du jardin, je le vis enfin piégé par mon stratagème élémentaire, sur lui je fondis et lançai l'épuisette. L'ayant pris par les pattes, je l'enfermai proprement dans la volière.

Mais la poule ! Dans ma basse-cour j'en avais trois de la même race, de cette profonde teinte cendrée qu'émaille seul le casque rouge - la crête, les oreilles et barbillons, le contour de leurs prunelles d'un noir opaque. Cette couleur lui vaut sur les marchés son nom de « poule bleue ». Elles se ressemblaient comme des triplées, et étaient déjà endormies. Comment distinguer la boiteuse ? Par déduction, j'exclus celle des trois qui avait grimpé sur un perchoir - ce dont se serait abstenue une bête malade. Les deux autres s'étaient blotties sur la paille : de la main je les poussai sur l'arrière-train, et après les avoir vues trébucher l'une comme l'autre, m'emparai de la moins agile... et me trompai. Le surlendemain je devais retrouver ma petite handicapée boitillant vaillamment au milieu de la basse-cour.

Exercer un droit de mise à mort sur ses bêtes est un usage lourd de conséquences, mais se tromper de cible est une expérience dérangeante, comme l'est, à l'instant du sacrifice, un faux mouvement qui prolonge la souffrance (l'un et l'autre arrivent). Certes, on l'oublie (ou non) ; certes, on lui trouve des justifications (ou non) ; mais cela rejoint le fonds de remords et de scrupules dont l'âme humaine, depuis la première faute d'enfant, ne cesse de trembler confusément, de plus en plus fort à mesure que les autres s'y entassent : bévues, maladresses et gaffes, oublis coupables, mauvaises actions, délits, crimes peut-être. Péchés. On ne se dédouane pas de ses basses œuvres, même en calculant qu'à la fin on sera probablement victime d'un coup du sort tout aussi immérité, qui épongera d'un coup la dette, ou même qu'on souffre continûment d'une telle injustice depuis que l'on est en vie (la voisine, A., à qui je reprochais sa façon d'égorger ses canards en les laissant, accrochés par les pattes, se vider longuement de leur sang : « Et moi, on m'a demandé, quand j'avais mal ? »).

Comme d'autres animaux, comme d'autres oiseaux surtout, les poules s'expriment par le cri, les cris : d'entre la bonne vingtaine de vocalisations dont elles disposent, il y en a une qui ressemble au premier gémissement d'un dormeur que l'on déplace assez doucement dans son sommeil pour éviter qu'il ne se réveille et qui laisse quand même, inconsciemment, son corps répondre. Soupir à peine sonore, cri étouffé, mot inarticulé qui s'agite sous le seuil de la parole, il n'en constitue pas moins un élément, le plus ténu, d'une communication ombreuse, sommaire mais décisive. La terre, le bois, le champ mugissent parfois ainsi et le promeneur est intrigué par cet appel souterrain, échappé d'entrailles qu'il ne peut que soupçonner, mais entend remuer dans son propre ventre. Bas bruit, souffle court, pet baladeur, éructation sommaire, coup d'aile, bois qui craque, eau qui clapote. Une poule qu'on dérange quand elle pond laisse parfois échapper cette note presque inaudible.

Quand j'eus tué mon canard, je commençai de m'affairer à égorger la poule bleue. Ficelle nouée à ses pattes, au bout de laquelle se trouve un crochet que je fixe à la branche du pommier. Cou sommairement plumé pour dégager l'endroit où la lame tranchera la carotide. Éviter de regarder l'œil rond de l'oiseau qui pour la dernière fois contemple le monde, sens dessus dessous. D'ordinaire je parle, je dis : « Voilà, c'est fini pour toi. C'était bien, la vie. » Ou bien : « Voilà, c'est fini pour toi. C'était bien, ta vie ? ». Dieu est grand et moi je tue la bête.

Or, à cet instant, la poule bleue - la mal choisie, l'animal alerte confondu avec la boiteuse - émit un son minuscule, réaction réflexe, peut-être, mais où se mêlait ce cri de conversation succincte qui, me semble-t-il aujourd'hui, au lieu de protester bruyamment, m'engageait *in extremis* à négocier, désavouait mon intention, m'enjoignait de me ressaisir et dans le même mouvement de la relâcher. Je restai vaguement étonné qu'une bête malade - elles sont d'ordinaire si passives - trouve le moyen de s'adresser à moi à cet instant précis. Je suspendis le mouvement de mon bras. Mais tout restait sous le seuil de la communication, la note plaintive de la poule, le soupçon - dans mon esprit - d'une erreur en cours, et la perplexité gagnaient en moi ce sixième sens qui n'est ni l'intellect, ni le cœur, ni l'âme, qui régit le sens moral et départage l'instinct et la circonspection, et qui, comme un ressort, actionne les gestes, les précipitant dans un sens ou un autre. Mais cet instant passa. Sans doute ai-je baissé le sourcil que j'avais levé, secoué la tête pour chasser l'idée sur le point de retenir ma main. J'ai saisi la nuque entre mes doigts, enfoncé la lame dans le cou, relâché le corps suffocant qui se débattait. La poule était morte.

Avant d'élever des volailles pour les aimer et pour les manger, je n'avais jamais pensé qu'il soit si aisé de tuer. Comme chacun, sans doute, je ne cesse de m'imaginer - dans des accès de perversité dite « infantile » mais en réalité capables de se prolonger dans les fantasmes de toute une vie - en train de semer la mort - gangster flingueur, *sniper* à kalachnikov, maître esclavagiste - mais ces plongées délicieusement troubles sont - comme les rêves, comme les extases - suivies du moment où la menace qu'ils ont semée se dissipe, me donnant l'impression de me rendre à moi-même (mais sans doute en ont-elles gardé une part) : à cet instant, je suis soulagé d'une faute que je n'ai souvent qu'entrevue, et une argutie intellectuelle me pousse à penser que cette vision fugace ne m'a hanté que pour mieux me dissuader de céder à sa tentation et ainsi pour me rendre meilleur. Mais bientôt, tout recommencera, bientôt je me retrouverai sous le pommier, couteau à la main.

J'ai simplifié l'histoire. À vrai dire, environ deux semaines auparavant, le soir où j'eus la première fois dessein de liquider mes deux bêtes, j'avais déjà entrepris de les mettre en cage, en commençant par la poule (la bonne, cette fois). Mais ayant échoué, au crépuscule et de nouveau à l'aube et dans la matinée, à m'emparer du canard farouche, j'avais renoncé. Le sacrifice ne valait plus le coup, je laissai tomber, libérai ma boiteuse, et elle s'éloigna sans se retourner de cette prison où elle n'a probablement jamais compris pourquoi elle avait séjourné et loin de laquelle elle claudique encore aujourd'hui, vaillante et raisonnablement agressive avec ses comparses.

STATISTIQUES

La ferme, on l'a achetée pas trop cher, et pas trop loin de P. la capitale où se trouve le travail ; on la retape dans ce qui reste de temps. *Rurbains* nous sommes, en rurbains nous agissons. J. rêvait de retrouver un jardin, moi d'adopter des bêtes, des poules surtout.

La création d'une basse-cour au sein de ménages éloignés du monde paysan où elle était, jadis, une évidence répond à l'un ou à plusieurs des critères suivants, qui fournissent d'excellents sujets de conversation avec mes collègues de l'Éducation nationale :

1. Un profil sociologique, type *retour à la terre* : intégrer des poules à la maisonnée est une décision écologique (poubelles sur pattes), économique (les bons œufs), et reflète un point de vue idéologique : elles sont mignonnes (ce sont des amies des enfants), ou des ennemies (elles piquent parfois les enfants) ;

stupides ou futées ; âpres à la lutte ou sociables. En tout cas chacun a un avis.

2. Des souvenirs marquants sinon traumatiques : dans mon cas mes fréquents séjours, enfant, aux A., la ferme de cousins dont le petit élevage industriel m'a laissé le souvenir impérissable de l'odeur âcre du granulé de croissance sûrement hyperchimique, et des tournées en Dyane chez les pâtissiers de V. pour livrer des plateaux d'œufs (et ce souvenir rapporté : ma tante, un peu trop snob pour trouver plaisir à être, après quelques revers du sort, devenue fermière, tendait ces plateaux de ses mains *gantées*).

3. Le « syndrome de Perrette » : rêve de retrouver la formule magique d'un commerce honnête issu d'un bon produit et procurant dans le court terme un petit lucre légitime et dans le long une perspective capitaliste qu'excuse sa modestie même (« œufs, cochons, couvées »). Mais le pot de Perrette se casse (« adieu cochons, couvées »). La charmante ferme déglinguée de mon enfance a été transformée en hôpital, les enclos de l'âne et des chèvres en parking géant. Dans les exploitations agricoles d'aujourd'hui, on rechigne à s'encombrer d'une basse-cour. Et je ne vivrais pas deux jours par mois si je devais me nourrir de mon trafic d'œufs, même en vendant la volaille par-dessus le marché.

Le Mystère de l'Hostie

Je l'appelais la Va-nu-pieds.

Sèche, petite, noiraude, vive, emportée, sympathique. Fausse, rusée, mais si naïvement appliquée à ses ruses qu'elle en était charmante. C'était une naine toute noire, une poule pas très différente d'un corbeau, la peau sur les os, pleine de caractère. Elle dormait dans les arbres. S'échappait sans cesse, passait la clôture, par-dessus par-dessous, par le moindre trou de grillage. Un jour elle disparut et je la crus croquée par une fouine, mais quelques semaines plus tard je l'aperçois vautrée dans l'auge, les ailes déployées en éventail, me fixant de son œil rond (*Toréador, prends garde ! Un œil noir te regaaaaaarde...*). Et comme je m'approchais avec le seau blanc de la pâtée, elle souleva délicatement ses ailes, comme Carmen aurait relevé ses jupons, étira les pattes et découvrit douze poussins.

De meilleure mère il n'y eut jamais... quelques jours durant. Puis la couvée dépérit ; ne restèrent que deux coqs en compagnie desquels elle se pavanait, mère incestueuse, vivant presque au milieu de nous, picorant jusque sous notre table, causant du dégât au jardin. Plainte des voisins, il fallut s'en débarrasser, je trouvai une mémé du village qui accepta de l'adopter. Je saignai les deux coqs, et m'employai à coffrer la Va-nu-pieds.

La capture eut lieu en réalité un peu par hasard, alors que je l'avais surprise sur une botte de paille, dans le coin le moins romantique du hangar, derrière la cuve à fuel, en train de pondre. Elle vit que je l'avais vue, et suspendit net son opération. Cela dénotait une belle maîtrise du corps et, tout en lui donnant la chasse, je ne pus m'empêcher de l'admirer. Elle se précipita sous des fagots de branches sèches entre lesquels je la cherchai d'abord en vain, car le noir de ses plumes se confondait avec le brun des branches, et elle le savait bien, la maligne. Au bout d'un moment cependant, je repérai son œil qui palpitait d'angoisse, rond impeccable au milieu de l'entrelacs hachuré du fagot : l'image était magnifique. (Qu'est-ce qui, de l'angoisse ou de la courbe parfaite de sa prunelle, attira davantage mon regard ?) J'enfonçai ma main à travers les branchages et la posai sans peine sur son corps révolté.

Très fâchée, la Va-nu-pieds cria tout le temps que, l'ayant extirpée de dessous les fagots, je l'emportai par les pattes, tête en bas, et l'enfermai dans la volière. Ses cris désespérés continuèrent longtemps après que je l'eus enfermée.

Le lendemain à l'aube, j'allai la rechercher pour la placer dans un carton et la livrer à la mémé. Je m'introduisis dans la volière. Je la trouvai installée sur la planche supérieure, celle où les pigeons font leur nid. Elle n'était pas assise comme pour pondre non plus que debout comme pour dormir, mais bel et bien couchée en sphinx, c'est-à-dire appuyée de la queue au jabot contre le bois, la tête dressée. Elle ressemblait à un condamné qui aurait passé sa dernière nuit sur le châlit de son cachot dans une position solennelle pour exprimer sa supériorité dédaigneuse sur la mort imminente. Elle avait l'air héroïque, son port altier la faisait ressembler à une sainte s'apprêtant au martyre. Icône parfaite, que je crus consciente de la qualité du motif artistique qu'elle offrait (à qui ?). Et entre ses ailes qu'elle avait croisées devant elle – je te jure ! –, elle tenait un œuf – celui dont la course-poursuite de la veille avait interrompu la ponte. Elle le tenait entre ses plumes tendues comme un prêtre son hostie dans ses mains jointes. Elle le tenait et le regardait, et dans ce regard concentré on la voyait ruminer sa colère ou peut-être chercher la concentration nécessaire pour se résigner à son destin. En tous cas la poule était figée, cérémonieuse, sur sa planche, comme un condamné passe la nuit précédant son supplice en prières et en méditation.

Je n'oublierai jamais cette concentration vibrant de fureur assourdie, mais aussi de dignité, qui reflétait peut-être une propension à transformer les déboires et les affronts de la vie en autant de marches d'un escalier menant à la grandeur. Par son port de reine l'oiseau gracile était un défi au visiteur décidément importun que j'étais.

Je pris l'œuf d'entre ses ailes, saisis la poule par les pattes, non sans provoquer de nouveaux cris de rage, et remis à la mémé du village le carton où elle s'agitait toujours. La Va-nu-pieds ne décolérait pas.

CET APPENTIS À MÊME LA TERRE, DANS LE PRÉ DERRIÈRE NOTRE HANGAR, C'EST LE POULAILLER. Le mot est faible !

Poules, ma dinde et son dindon, pintades, parfois canards et moutons, mais aussi rats, sûrement bestioles rampantes et microbes, tout le monde ensemble !

L'hiver le transforme en cloaque.

LE CHAMP DU SANG

Au jardin nous vaquons. J. plutôt aux fleurs, moi plutôt aux bêtes. Fermiers en herbe, accumulant les bourdes, cassant allègrement les faux, malhabiles mais contents de manier la tronçonneuse, la débroussailleuse, le banc de scie. Quant aux bêtes, notre jardin est aussi leur grand cimetière. Si je fais le rapide inventaire de l'hécatombe des dernières années, je dénombre

celles qu'on décime,

rats et ragondins par dizaines, empoisonnés ou piégés puis noyés,

chatons surnuméraires noyés, y compris ce petit que J. appelait déjà Méphisto et qui m'a envoyé en mourant l'éclat de ses yeux verts phosphorescents, *celles qu'on a laissé vivre* jusqu'au bout

par attachement ou par froid calcul (trop petites, trop vieilles pour être mangeables), ou pour les deux raisons (on s'attache à ses animaux chétifs) ;

la merveilleuse cane de Duclair, aux plumes de jais, veuve de son canard, presque paralysée et à qui J. a durant des semaines donné un bain quotidien pour la rafraîchir à la fin des jours trop chauds,

ma poule naine blanche, aussi autoritaire qu'elle était menue, qui, ayant un jour décidé qu'il était temps de mourir, alla, des semaines durant, se percher tous les après-midis sur la barrière métallique où elle restait immobile à contempler son monde en attendant le jour fatal,

celles qu'on trouve au matin inopinément mortes, la litanie est longue,

petit canard qu'emporta le corbeau soucieux de nourrir sa progéniture en lui plantant son bec dans le dos et que, trop lourd pour sa mâchoire, il laissa glisser et retomber, *splatch*, sur la mare ;

autres canetons victimes des divers rouages de la meule du destin : les rats leur mangent les yeux, les pies affamées les enlèvent, leurs propres mères en tuent certains d'un coup de bec à la naissance, ou bien c'est leur corps malformé qui les trahit, ou leur maladresse qui les empêtre dans le grillage, les bloque derrière une pierre, leur permet de s'enfuir hors de l'enclos et les précipite sur le chemin agricole à l'instant précis où passe un tracteur;

grand canard exténué de canicule que J. vit trépasser dans un sublime mouvement d'ailes;

pintades mortes d'apoplexie ou d'un courant d'air;

poules crevées de faiblesse intestinale;

poules crevées pour raison inconnue (j'arrive à la maison un soir, je trouve un mot que Y. a laissé sur le meuble de la cuisine: *Il y a une poule de morte dans la paille*);

dinde dont la fouine avait mangé la tête et dont elle traîna le gros cadavre, en signe d'hostilité, au milieu du champ;

brebis morte de crise cardiaque au spectacle de son bélier chargeant, la tête la première, les baies vitrées de la maison où il avait aperçu son reflet;

brebis morte dans son sang alors qu'elle mettait bas toute seule (on n'avait pas vu venir, et le petit, mal engagé, l'éventra).

J'ai *commerce* avec les poules, une relation pouvant aboutir à une union supérieure mais toujours fondée au préalable sur un échange quotidien, une association visant le bénéfice des deux parties - dans toute sa réalité capitalistique : je vends deux euros la demi-douzaine de leurs œufs. Mais dans les limites de l'intérêt bien compris car si je ne peux supposer de mes poules qu'elles applaudissent à la vente de leurs œufs, je m'engage à leur fournir en grain le prix équivalent. Quoique j'imagine leur réticence quant à l'issue fatale de leur existence, c'est toujours grâce à ce cycle - le fruit de leur mérite, l'entremise de ma main - qu'elles picorent ;

une *conversation* au sens classique qui indique moins un entretien par parole interposée qu'un dialogue entre les activités mêmes auxquelles elles participent pour pourvoir à toutes les sortes d'utilités qu'induit la vie, à toutes les nécessités - jusqu'à l'ultime, donc, aussi.

Tropisme plus que sentiment, infrason plus que bruit ou bien sûr que musique, empathie plus que sympathie, lieu plus qu'histoire.

SONS MACHINAUX

Mon empathie avec la poule ne repose pas sur l'hypothèse d'une intellection mutuelle de la similarité de nos destins, car rien n'atteste que notre faculté de jugement respective soit similaire - même si rien ne l'exclut *a priori*. Elle repose sur l'intime conviction d'un lot commun, décelable à certaines interactions avec les lieux auxquels le destin nous a assignés, interactions qui nous sont communes, homme et poule. Elle repose sur l'analogie, suspectée plutôt que sue, entre nos façons d'y réagir : tout en se défiant d'un monde qui, à long terme, ne promet rien de fameux, nous adonner aux sensations qu'il nous offre. Fussent-elles des pièges, elles offrent un sursis, un petit compromis avec la noirceur. Toujours ça de pris.

Mais cette empathie passe en deçà du seuil de la raison. Il vaudrait mieux renoncer d'emblée à raconter leurs destinées respectives d'homme et de poule si c'est dans l'intention de les faire apparaître comme la métaphore l'une de l'autre.

L'empathie passe même en deçà de la conscience : elle agit, ou plutôt elle s'agite comme un murmure à la fois mineur et essentiel - tellement mineur et essentiel qu'à vouloir seulement le mettre en mots on risque de le dissiper. C'est une donnée dont la ténuité voire la fadeur ne signifie pas qu'elle soit précaire et, au contraire peut-être, lui garantit une pérennité discrète, que submerge la moindre tentative de raconter et d'analyser, comme la rumeur de la forêt disparaît sous la parole des ingénieurs forestiers mais tout autant sous celle des poètes.

Elle vient aussi de ce que, dotées de moyens d'expression (le caquet, le coup de bec, la course), les poules ne se croient en rien garanties d'être entendues. Ou est-ce le paradoxe de la communication, plus patent chez elles que chez d'autres espèces, qui me les rend plus proches ? Certains animaux se cachent, on écoute les oiseaux, on parle aux chiens et aux chats, au bétail et aux chevaux, et on jette même quelques signaux à sa volaille, mais il est très improbable que la basse-cour soit écoutée. La plupart des bruits émis par une poule est liée à sa quête apparemment ininterrompue de nourriture, et lui donner de quoi manger peut passer pour une réponse proportionnée à son message et son attente. Le reste est confiné dans la sphère négligeable des bruissements. Et si jamais tu t'efforces de les capter, te voilà aux aguets, si crispé qu'assez vite tu en oublies ce que tu guettes ; ces signes presque imperceptibles, tu finis par les abandonner, indifférent, aux limbes du langage.

Reste ouverte la question de l'entendeur. Pour rappeler son rang dans la hiérarchie de la basse-cour, une poule peut piquer ses congénères : le coup de bec est destiné d'abord à la piquée, mais le signe est lancé à la basse-cour entière (certains prétendent qu'il s'agit de signes d'affection). Mais c'est manifestement à elle-même que la poule adresse une part de ces nombreux signes corporels ou vocaux : je ne veux pas dire qu'elle en destine certains à autrui et les autres à elle-même, mais plutôt qu'il existe en chacun d'eux une part de communication et une part de monologue. Quand elle a pondu, on le sait, la poule caquète, et l'on conçoit bien que ce caquet soit non seulement motivé par le besoin d'annoncer la mission accomplie (à la cantonade : à la communauté, où figurent ses congénères mais aussi au porteur de seau blanc que je suis, qui justement vaque au jardin, et qu'elle alerterait peut-être par instinct, pour favoriser le retour du seau) mais également pour ponctuer d'un bruit l'immense soulagement personnel que provoque l'évacuation de l'œuf. La part intime coexiste avec la part commune : mais ne sachant pas où passe la frontière entre les deux, nous sommes poussés à l'indifférence, dans tous les sens du terme, alors que cette question nous engage : car cette part intime du caquet ressemble au gémissement d'un homme qui se réveille, qui vaque à ses besoins, au bruit d'une personne au travail - chantonnant si la tâche est légère, râlant si elle est pénible -, et même, au-delà des manifestations personnelles, au vacarme diffus de la foule, à la rumeur de la ville ou de la forêt, qui fait croire qu'elles ont, ville et forêt, un grand corps qui n'est ni capable ni désireux de réfréner les sons machinaux provoqués par leur simple existence. De même que certains mots ne sont dits que pour signaler que l'on est en train de parler, de même certains sons ne sont émis qu'en tant que part phonique d'une action en train de se faire, d'une vie en train. En caquetant, la poule signale sa détermination à continuer et à entretenir la marche de son être.

« COMME UN CERCLE »

Poulailler, royaume de l'imperfection. Les planches de l'appentis se disjoignent, des toiles d'araignées emmaillotent peu à peu les grillages, les tôles – et se couvrent elles-mêmes au fil des jours d'une couche de poussière, et l'ensemble incorpore lentement les traces de blanc de chaux dont je badigeonne les poutres de temps en temps. La surface plane qui entoure l'appentis se compose du cailloutis, que je balaie vigoureusement et lave à grande eau mais qui se couvre sans cesse de résidus (rebut des épluchures, brindilles et fiente), et, au-delà de la barrière, du champ creusé de nids de poules, bosselé de petits tas de crotte mêlée à d'autres détritus ; la volaille courate dedans, vaque et gratte, et se chamaille en caquetant : la prose du monde progresse, inéluctable.

Est-ce pour cela, par contraste, ou par un déni instinctif, que je vois luire ici, comme en filigrane, la perfection de l'œuf, l'ovale simple et savant qui motive et obsède tous les animaux de la basse-cour, et moi à leur suite ? Je demeure toujours ébloui par la vision d'une poule que je découvre pondant sur la paille, dans la pénombre de l'appentis, juste au moment où un rayon de soleil se glisse entre deux tôles entrebâillées, traverse la poussière en suspension dans l'air et la touche, l'animal à la fois immobile et perpétuellement parcouru de mouvements minuscules. La poule concentrée sur l'expulsion de l'œuf, toute à ses contractions et détentes, soudain caquète, soulagée, l'œuf irréprochable repose désormais, tout chaud, légèrement humide et parfaitement propre. Et moi je suis ébahi devant le mystère qui opère à travers ces motifs à la beauté triviale, inapparente. L'œuf, on ne le voit pas, et quand on le ramassera il aura refroidi, il sera peut-être déjà un peu crotté, ou même cassé ; mais pour l'instant on le sait couché sur la paille, et l'on perçoit, ébahi et vaguement reconnaissant, que se célèbre ici une cérémonie obscure. Rembrandt au poulailler ; et moi, berger niais, j'ai accouru vers la Crèche.

L'histoire du respect pour l'œuf a sans doute déjà été écrite. Je me souviens d'un savant tchèque, un historien de l'art qui avait consacré un ouvrage épais aux images ovoïdes à travers les âges et s'acharnait à proposer son manuscrit, arrachant aux éditeurs des sourires polis. Est-il bien raisonnable de refaire cette enquête ?

Tentation, aussi, de chercher les bribes dans l'histoire personnelle, en remontant vers les premières admirations, les premières terreurs. Je tiens de maman, qui l'avait confiée avec pudeur, et malgré la pudeur – cette déclaration reçue de mon père : *Je t'aime comme un cercle*. Comme un œuf. Enquête à faire.

Moi, la poule

TOUS LES JOURS OU PRESQUE, DIEU NOUS REND VISITE POUR LE RITUEL.

Il vient de l'au-delà. Il passe la frontière de notre monde, dont le centre se constitue d'un palais de tôle ondulée. À l'intérieur sont disposés des rayons de bois, quelques claies et de simples planches où nous jucher. Mais ce que nous préférons, ce sont les barres fixées entre deux parois, nos perchoirs. Par terre, contre l'humidité, il y a de la paille, que Dieu rafraîchit de temps en temps.

Dieu prend nos œufs et, en échange, vide un seau débordant d'oignons, de fruits et de sucs mélangés. La corne d'abondance. Il fait tomber sur notre pays une pluie d'or, la manne de grains jaunes sur lesquels nous nous précipitons. De temps en temps il emporte l'une d'entre nous et nous ne la voyons plus, elle n'existe plus que dans notre mémoire, il l'emmène dans l'au-delà.

Dieu a créé notre terre, de vastes prés qui s'étendent entre les clôtures, nous ne savons pas grand-chose de l'au-delà, même si, l'hiver, il ouvre de temps en temps grand les portes, nous laissant vaguer dans son jardin à lui, et même si, en toute saison, les plus audacieuses d'entre nous, passant par-dessus la barrière, ou les naines, qui arrivent à se glisser par-dessous, y vont voir. De l'au-delà, je parlerai plus bas, quand j'aborderai les difficiles questions de la foi. Dans le pré se trouvent l'herbe que nous aimons, la poussière et le gravier où nous creusons des nids pour prendre les bains de terre dont nous raffolons, le grand buisson d'épine sous lequel nous passons les heures chaudes des journées d'été. Et puis il y a les animalcules. Dieu les a fait pulluler dans le pré pour pourvoir à notre nourriture, et nous les gobons sans complexe ni relâche.

JE FAIS LE TOUR DES LIEUX.

L'espace connu, et arpenté tous les jours, parfois plusieurs fois par jour, se compose d'un grand pré où s'élève notre palais construit contre la muraille, qui fait angle vers l'Ouest : un chemin étroit la contourne, qui mène à d'autres prés, trois grandes parcelles à demi closes par des frontières, bordées d'une haie très intéressante, et au Sud par un épais rideau d'arbres à l'ombre desquels nous faisons une pause. Sur le parcours, beaucoup d'herbes d'intérêt divers, des arbres dont nous picorons l'écorce, des coins propices aux vers de terre, des tas de branchages où se plaisent les larves, des coins plus secs où nous disposons des nids alternatifs.

J'avais oublié la muraille. Une paroi si vide, si haute, qu'on finit par ne plus la voir.

Tel est notre pays : un royaume ou une contrée, l'appellation diffère selon les théories. Moi je dis

« sphère », car je suppose qu'il en existe de semblables à la nôtre, autour de la nôtre et peut-être aussi infiniment loin de la nôtre. Je trouve du plaisir à cette extrapolation, mais c'est un plaisir difficilement communicable, car mes congénères (même et peut-être surtout celles que j'aime) ne comprennent pas ce qui me passionne. On me traite de philosophe ou de songe-creux. Mais je tiens bon – et tant pis pour les remarques, et tant pis pour l'ironie ! Tenace, je me consacre à la contemplation de notre vie singulière, entre l'attention méticuleuse à la matière et la spéculation passionnée sur les mondes possibles.

AUJOURD'HUI NOTRE DOYENNE A ÉTÉ EMPORTÉE. Elle se trouvait si fatiguée qu'il lui arrivait, alors qu'elle était à picorer ou à gratter la terre, de s'asseoir dans l'herbe pour somnoler. Et nous nous disions : « Qu'elle est mignonne, la petite vieille, avec sa plume terne, sa patte hésitante, l'oreille dure ! Qu'elle est gentille, avec ses pas restreints et sa diète si menue ! Et quelle longévité ! L'aurait-on oubliée, là-haut, pour tant la laisser traîner sur terre ? » Eh bien voilà ! nous avons vu cet après-midi Dieu s'introduire dans notre sphère, pencher sa main sur la vieille qui a à peine protesté, nous avons caqueté pour nous transmettre la nouvelle – et lui, il parlait dans sa langue, j'ai senti dans son attitude qui d'ordinaire me révulse une sorte de sens commun. On dit qu'avec la faculté de rire, c'est notre trait à nous, distinctif des autres espèces, d'avoir conçu que l'amour puisse s'imposer par-delà la stricte logique des intérêts et du conflit :

pourtant, en cet instant, j'ai eu l'impression qu'en l'emmenant à son destin il se montrait capable de miséricorde.

Les esprits lucides me comprendront : de sentir que nous partagions peut-être cela, je me suis mise à rire, malgré mon chagrin de la voir emporter. À rire !

LA GRANDE AFFAIRE DE NOTRE VIE, C'EST L'ŒUF.
But et source de notre existence.
Notre passion, par laquelle nous souffrons et à laquelle nous nous vouons.

Parfait ovale, image d'une plasticité simple et savante.

Symbole, aussi, de la courbe où transparaît la vie et prennent chair nos petits.

À VRAI DIRE, JE TROUVE L'EXISTENCE RÉPÉTITIVE. Picorer, gratter la terre, se percher, se nicher et pondre, se chamailler, subir le gros oiseau qui nous monte sur le dos et nous mord la crête - personnellement je suis lasse de la bagatelle. Pas étonnant que j'essaie d'attirer l'attention de Dieu, mais il est souvent si indifférent, et pour tout dire je le trouve difficile à apprivoiser. Je l'attends tous les jours à la même heure, espérant qu'il vienne avec son seau blanc plein de bonnes choses, prête à lui faire un petit signe qu'il comprendra. Mais si souvent il fait défaut ! incapable qu'il est, plein de sa bonté paternelle, de nous distinguer. Et moi, vaniteuse, je voudrais qu'il m'aime pour moi, et sa bonté indifférenciée, je la hais !

De ce vide de l'existence quotidienne, entre autres, naît l'amour que certaines d'entre nous déversent sur nos poussins, il rend à leurs yeux leur vie passionnante.

Je n'ai jamais eu de poussins à moi. Toutes les poules ne couvent pas leurs œufs, elles les confient à d'autres qui les élèvent une fois éclos comme leur propre progéniture. Je sais donc que dans le monde du pré, je croise mes enfants biologiques, sans droit parental à revendiquer. Alors, je passe. Marcher, courir, parcourir le monde, c'est en général notre parade devant un état inaccessible en droit ou en fait. Le rêve se fracasse, alors nous nous mettons en marche. Or une poule, ça courate toute la journée. Son parcours est la concrétisation à travers l'espace de son stoïcisme.

Pourtant, je tombe parfois en arrêt devant un ver qui semble dormir ou une araignée qui vaque et je me dis: « qu'il dorme, qu'elle vaque, confiants en la magnanimité des grands animaux que nous sommes à les laisser vivre leur vie de rampants ou d'insectes ». Ils se trompent, naturellement, car nous, grands animaux, nous avons trop faim pour les laisser filer de la sorte: comment continuer à pondre si nous renonçons à la ration quotidienne dont ils sont une part? Et je les gobe d'un coup de bec. L'idée m'effleure qu'en m'apercevant penchée sur eux ils s'illusionnent et me prennent, moi pauvre poule dont le destin ride à peine la surface de l'univers, pour... Dieu! Bien sûr, l'hypothèse est grotesque, mais elle met en branle ma pensée, qui se prend à trotter comme une folle, elle me casse la tête, et me voici bientôt obligée de tout bonnement la repousser pour retrouver la quiétude. Je courate, je m'enfuis de l'autre côté de notre sphère.

Peut-être ces divagations sont l'une des manifestations de notre bizarrerie psychologique.

Nous sommes maniaques, mes comparses et moi – nous voulons pour boisson de l'eau très pure, et un sol rugueux-poudreux, ou du petit gravier pour le bain de poussière. Peut-être suis-je plus maniaque que mes congénères. Je suis braque. C'est ce que les autres pensent devant ma façon de cultiver mes petites méditations – moi-même je me trouve cinglée. Je m'ébats, je débats, je me débats.

Mais ce n'est qu'une question de degré, et nous sommes toutes de grandes toc-toc. Nous contemplons le monde de notre œil rond, sans forfanterie mais sans concession. Nous voudrions savoir, et, faute de réponse, vaguons à travers le pré. Cette façon de retourner sans relâche au même buisson, à la même touffe d'herbe, de gratter la terre... Complètement névrosées, les filles. J'ai parfois de la pitié pour nos comportements répétitifs, obsessionnels, manifestation impudique de nos frustrations.

Mais je ne me fais pas d'illusion et je pars du principe que mon cas est plus grave que les autres. Car moi, la poule, je comprends bien que c'est de dépit que j'ai été gagnée par la manie de cogiter – comme par une maladie que l'on contracte. Il y a bien longtemps qu'à force de me savoir passer près de mes enfants biologiques couvés par d'autres et incapables de me reconnaître j'ai pris l'habitude de retourner la perspective et de tenter d'identifier chez les anciennes ma véritable génitrice. J'ai tenté de me lier aux plus plausibles de mes mères putatives, je tentais le coup, prenant prétexte que nous picorions à la même augette, m'ingéniant à mener la conversation sur le terrain de la parenté, mais la manœuvre a toujours avorté, bien le cas de le dire ! Parmi mes congénères, on n'aime pas davantage discuter des causes premières (l'œuf ? la poule ?) qu'envisager les perspectives ultimes, et j'ai fini, le temps emportant irrémédiablement la génération précédente, par tenir pour acquis que Dieu était venu se saisir de ma mère alors que j'étais encore sous les plumes de ma couveuse – je ne crois pas à cette fable, mais elle me permet d'accepter la peine sensible que me cause à tout jamais le fait d'être menée par d'étrangères années, d'un âge dont je n'aurai rien su, vers un autre où je ne pourrai plus rien savoir... Ah, je m'égare – fantaisistes ou tragiques, le goût de la contemplation, la poésie proviennent de ce manque.

Dieu est grand, c'est à peine si nous apercevons sa face, aux moments fugaces où il se penche vers nous pour nous combler de bienfaits ou pour se saisir de celle d'entre nous qu'il a choisi d'emporter. De tradition, nous nous savons créées à son image, et de fait nous possédons comme lui deux pattes, deux yeux et une voix qui sort du bas de la tête, mais combien plus parfait que le nôtre est son corps à lui, puisque à la place des ailes il a de longs membres articulés qui se terminent par de petits tentacules qui le rendent très agile.

LE REGARD QUE JE POSE SUR LES VERS DE TERRE, J'ESPÈRE QUE DIEU LE POSE SUR MOI.

Je les vois appliqués et combattifs quand on les dit bêtes et lymphatiques. Je les mange en grande hâte, et apparemment sans autre préoccupation que de satisfaire ma voracité. Mais que se passe-t-il derrière mon œil vitreux ? Au moment où je les happe, je n'omets pas de me rappeler qu'ils sont des êtres, grands à leur manière, et sensibles à d'autres bestioles pour nous microcosmiques, pleins de considération pour elles qui fournissent à leur corps long et élastique sa nourriture, mais vraisemblablement aussi de thèmes à leur méditation. En hommage à leur probable perception du destin d'autrui qu'ils mangent par nécessité, je m'attache à les gober à mon tour d'un trait, à leur procurer une exécution rapide et à moindres frais. Je soupçonne qu'il entre dans mes égards une intention utilitariste, le calcul (peut-être un peu bas) d'être gratifiée d'une sollicitude similaire : pariant sur une sorte de justice en retour, je tâche de forcer le respect de Dieu, et de l'inciter à imiter dans la façon dont il en use avec moi ma conduite intègre envers plus petit que moi – le jour venu, qu'il me prenne dans ses pattes agiles, et, comme il aura veillé de mon vivant à ma ration de paille sèche et d'épluchures, qu'il m'assure une disparition aisée et brève.

Et qu'il soit béni de tout !

MAIS S'IL ALLAIT NE PAS COMPRENDRE ?

Si la grandeur se suffisait à elle-même ? et si c'était la petitesse qui nous faisait penser ? si, Dieu, étant grand, en était dispensé ?

Je sais, je blasphème, et j'ose même calculer que mon blasphème est sans conséquence - car : soit mon hypothèse se vérifie, Dieu est bête autant qu'il est grand, et en ce cas ma subtilité lui reste impénétrable, et je m'en tire à bon compte (quoique... : difficile de penser que mon intelligence - et, logiquement, celle plus grande encore que le vermisseau emploie pour me comprendre, et ainsi de suite - cette intelligence, donc, ainsi dépensée en vain ne provoque pas de regret, et que le monde ne s'en ressente pas) ; soit mon hypothèse est fausse, Dieu est grand mais il est aussi lucide, et il lit dans mes pensées - mais en ce cas il est pour ainsi dire forcé de dépasser ma malice par sa mansuétude, de me pardonner pour ne pas déchoir. Mais est-on lavé d'une faute si on l'a commise en sachant d'avance qu'elle allait être effacée ? Retourner l'esprit contre lui-même, est-il plus grand péché ?

Mon Dieu ! grand Dieu bête ? ou petit Dieu intelligent ? Comment lui faire croire qu'en dessous de ce calcul il y a aussi le regret simple d'ainsi céder à ma pente et de m'aventurer à perte de vue dans le dédale de la ruse ? et qu'il y a encore, presque jumelle de ce regret, et tout aussi suspecte d'avoir été méditée, la joie de savoir qu'il balaiera d'un revers de la main tous ces scrupules ? Il me nourrit, caresse du regard le vert, le gras pâturage où il m'a menée et dont il me nourrit ; j'espère qu'il sera miséricordieux envers mon corps fatigué quand il l'emportera entre ses mains agiles. Alors, un peu d'indulgence pour mes manigances : elles sont minables, peut-être, mais elles sont mignonnes, n'est-ce pas ? autant que lui, Dieu grand, n'est pas censé ignorer l'ironie et la bienveillance ?

Lui qui comprend et pardonne, ou lui qui ne comprend pas et qui oublie, qu'il soit béni de tout !

L'AUTRE GRANDE AFFAIRE DE NOTRE VIE, C'EST LA NUIT.

C'est-à-dire que l'idée de grimper au perchoir commence à sérieusement nous tarauder sitôt l'après-midi entamée, nous donnons le change en prenant le bain de poussière alors que le soleil darde notre merveilleux plumage, mais dès lors l'idée se précise.

La nuit s'approche, mystérieux continent temporel qui nous rapte en annihilant notre capacité d'action, nous cloue au perchoir. Enflée l'hiver, étique l'été, mais enfin toujours la nuit puissante, à l'empire de laquelle nous nous rendons : dans le noir, nous ne valons plus rien.

Sans doute le mystère qu'elle répand nous inspire à son égard une sorte de crainte religieuse : nous nous préparons à la nuit comme un chrétien aux privations du carême, un musulman à la rupture du jeûne (mais oui mais oui, nous avons beau nous avons beau le coq le village le clocher le pays, nous connaissons beaucoup par ouï-dire et nous nous tenons au courant).

Peut-être est-ce l'oisiveté à laquelle nous contraint la nuit qui nous rend disposes à la ratiocination.

Une machine alors se met en branle, qui me paraît presque n'être que mentale, par laquelle je m'autorise à dériver en somnambule de personnages plus ou moins réels et vivants vers des mondes partiellement fictifs et partiellement inexistants.

Et c'est le grand fourbi et c'est le grand tourbillon (grand *fourbillon*)

parfois la nausée – et l'angoisse point

parfois notre enthousiasme est feint, parfois nous peinons à arrêter nos commérages pour entonner en mineur la prière de louange : car la piété fléchit de nos jours

le souvenir qu'on doit aux disparues perd lui aussi en ferveur, et telle d'entre nous fut naguère oubliée sitôt qu'emportée, tant le matérialisme nous gagne

pourtant en moi la conscience ne cesse de croître

je parie que le ver sur lequel je veille d'un coin d'œil partage l'intuition d'un système de regards qui se posent les uns sur les autres, infiniment – le sien sur l'animalcule, le mien sur le sien, et de proche sur nous les autres

il la partage sans le laisser voir, ni montrer qu'il la sait partagée

instant où il soupçonne derrière moi le Dieu véritable

peut-être la probabilité de cette hypothèse dépend-elle du secret qui pèse sur elle

surtout ne pas l'éventer

sage est le lombric qui se tait

à tout prendre je préférerais une bonne camarade à qui me lier d'amitié de proche à proche

DESTIN DU VERMISSEAU SUR LEQUEL JE PROJETTE LE MIEN :

j'aimerais une amie avec qui partager cette intuition, car seul le fait de la confier lui donnerait sa plénitude.

À défaut, l'herbe est ma confidente.

Affinités et paradoxes

LE SEAU BLANC

Il y a une chose qui fait toujours rire maman - que je lui dise « je vais aux poules ». Entre autres handicaps (elle est clouée sur son fauteuil), elle est de plus en plus sourde. Mais « je vais aux poules », ça, elle entend. Et elle rit - parce qu'elle pense « aller aux putes », et en effet - moi, aller aux putes, y a de quoi rigoler.

Elle ne sait plus bien, ou même elle ne sait pas en quoi cela consiste d'avoir un poulailler : dans son souvenir (qui est sans doute faux), la dernière personne de sa famille à avoir entretenu une basse-cour fut sa propre grand-mère ; depuis, embourgeoisement et urbanisation aidant, plus personne. Mais que lui importent les tâches à assumer (alimenter et abreuver ; remplir trémies et augettes ; concasser les coquilles d'huîtres ; rafraîchir la paille ; disposer les poisons anti-nuisibles) ? il s'agit surtout de langage : les voisines parlent de « soigner les bêtes », mais maman, que les allusions à la bagatelle ont toujours follement amusée, préfère que « j'aille aux poules ».

Je m'exécute.

Quand je vais aux poules, je remplis le seau en plastique blanc des épluchures et détritus de la journée, j'y mélange le pain dur et de l'eau (de l'eau chaude, s'il gèle), et je vais déverser le tout dans les auges. Les poules se précipitent, j'en profite pour faire l'inventaire, repérer les animaux malades.

L'hiver, j'ouvre de temps en temps grand les portes de la clôture et laisse les poules vaguer au jardin. Elles y trouvent sans doute l'herbe plus verte. Et elles s'aventurent, chacune selon sa curiosité, et finissent par se retrouver toutes vautrées sur le sol bien sec du hangar où elles prennent leur bain de poussière.

Au printemps on va avec A. au marché de L. acheter des volailles. Au printemps ça couve toujours au poulailler, ça éclot parfois, ça survit rarement. Les nouveaux venus doivent se faire leur place, chacun doit, pour s'introduire dans le groupe, trouver son rang, en piquant. Car en cas de crise la stricte hiérarchie s'exprime à coups de bec : on pique tous ses inférieurs ; le dernier de la bande se fait piquer par tous les autres. Les manuels d'élevage, toujours lénifiants, font croire à un processus sans aléas : mais cette intégration est traversée de drames.

Je me souviens de deux poules noires au col cuivré introduites dans ma basse-cour alors majoritairement blanche de plumes, et que j'ai longtemps retrouvées, alors qu'il gelait encore chaque matin, blotties l'une contre l'autre à la porte du poulailler dont elles avaient été exclues durant la nuit. Je les remettais au centre du groupe, dans un geste autoritaire qui valait leçon d'antiracisme. En général, j'évite de me lancer dans des prêches, pas tant par crainte de ne pas être compris de mes poules que de me laisser aller à une argumentation tendancieuse (à laquelle, tout en la sachant indigne de l'élévation requise par un tel débat, je céderais néanmoins) : compter sur le fait que mes poules n'en entendraient pas la différence. Mais peut-être ai-je joint de temps en temps la parole au geste et me suis-je autorisé un petit laïus : « Vous n'avez pas honte ? toutes les plumes sont belles, etc. » La tolérance a finalement été accordée aux deux noiraudes, mais je doute que mes appels à la morale aient pesé sur la fin heureuse de cet épisode. L'accoutumance l'aura emporté, plus que le principe (amour du prochain ou fraternité). L'une d'elle, plutôt maligne, s'enticha plus tard de J. qui en retour apprit à lui faire la conversation et à la gâter en faisant son jardin, la laissant se gaver de lombrics et lui lançant des mots tendres : « Mange ma cocotte ! Poule la plus belle du monde ! »

Ces proférations, censées n'être pas comprises, peut-être un canal de communication plus ténébreux permet-il à la poule interloquée, et obstinément rivée à son propre gavage, de les saisir quand même ? et aussi aux poules iniques de capter mes appels à la moralité ?

Les crises peuvent aussi tourner au drame – qu'en sait-on, après tout ? J'ai longtemps observé les manigances d'un poussin seul rescapé de sa couvée, qui avait mué en une poule jolie mais très originale. Loin de la basse-cour, elle recherchait la compagnie des moutons, et une fois entrée en conversation avec eux, passait ses après-midis couchée dans l'herbe, occupée à se lisser les plumes comme un chat qui se lèche. Quand je m'aperçus que la poule était un coq, je crus avoir trouvé le fin mot de l'histoire, associant à la légère ce comportement singulier à la psychologie d'un adolescent ombrageux et l'attribuant à une différence sexuelle affirmée dans la solitude. Il devint une belle bête, assidu envers les dames – mais je le retrouvai un matin, en dehors de la clôture, froid et roide, comme cabré contre la mort. En l'absence de blessures apparentes, je n'ai pas exclu l'hypothèse d'une sorte de suicide, causé par un désir de fuite hors d'une vie sociale insupportable.

Mes 5 à 7 (jardin secret)

C'est à cause des poules que j'ai commencé à faire les poubelles. Je veux dire : systématiquement. Vivant entre la campagne où j'ai une basse-cour et P. où je travaille, je profite des fréquents allers-retours pour transporter mon butin. La Ville Lumière ? Je m'y offre des 5 à 7, mais à l'aurore, à l'heure où, l'été, blanchissent les toits de la capitale, et où, l'hiver, ils sont encore recouverts de nuit. Je sors, je vais me servir.

J'ai d'abord appris à assurer à mes bêtes leur pain de chaque jour en repérant dans les déchets des boulangeries les baguettes jetées de la veille. Puis, de proche en proche, sacs de farine crevés, paquets de blé éventé, tombereaux de pains spéciaux des commerces de luxe, et, dans les conteneurs voisins des épiceries et supermarchés, fruits et légumes fripés, denrées consommables mais réputées invendables. Progressivement tous les produits dont la date officielle de fraîcheur garantie est dépassée (souvent de quelques heures seulement). Ou imminente. Ou lointaine. Ou même des produits quasi neufs : les raisons pour lesquelles un produit est mis au rebut nous échappent. Les vues du Seigneur des entrepôts sont insondables.

Quant aux poules, elles ont bon dos, car il y a belle lurette que le fruit de mes pioches assure en plus de leur subsistance une part non négligeable de la nôtre, mais aussi celle d'amis et voisins, ceux du moins qui en ont suffisamment besoin et/ou envie, et ne tordent pas le nez à l'idée de consommer des aliments de ce jardin secret.

Quand je suis en ville pour le travail, ma journée commence par une tournée de glane : entre une demi-heure et une heure et demie de déambulation dans une cité fantomatique, à la fois prosaïque et sublime. Mes 5 à 7. Dans le temps, les règlements étaient flous et les poubelles étaient tirées sur le trottoir, un peu n'importe quand, mais plutôt le soir, à disposition des passants jusqu'au passage des éboueurs le lendemain matin. Jeune, j'ai souvent agrémenté mes virées nocturnes à fouiller l'une ou l'autre, au petit bonheur. Depuis lors, les municipalités ont rationnalisé la collecte et interdit de sortir les conteneurs plus d'une demi-heure avant le passage de la benne (contraignant du même coup les préposés aux poubelles à se réveiller en pleine nuit). Celui-ci est fixé dans notre quartier à partir de 6 heures du matin : de 5 à 7, c'est donc le moment stratégique. Alors que la butte est arpentée par les derniers fêtards et par les employés des entreprises de nettoiement venues de banlieues lointaines, sortant des premiers métros (Africaines emmitouflées dans des doudounes bon marché d'où dépassent leurs robes traditionnelles, jeunes hommes noirs et beurs, dont le job est précisément de sortir les poubelles. Sûrement mal payés : je les vois faire à pied, sur un scooter ou au volant d'une voiture hors d'âge, des tournées hâtives, jetant les sacs d'ordures dans les conteneurs d'immeubles voisins pour s'éviter la charge d'un deuxième passage, après la collecte, pour rentrer les récipients vidés), les glaneurs rôdent.

Chacun a son parcours. J'ai pour ma part repéré une demi-douzaine de poubelles : si l'une de ces régulières cornes d'abondance fait défaut, je cours à la suivante. En général mes sacs sont pleins au bout d'une bonne heure.

Quand M., employé du magasin de produits bio, lève le rideau métallique aux alentours de 5 h 50 et sort la poubelle de plastique vert en prévision du prochain passage des éboueurs, des ombres s'animent sur le trottoir. Armées de cabas et de charrettes à marchés, elles s'approchent, soulèvent le couvercle, fouillent. J'en suis.

Une certaine sociabilité s'installe. La rivalité de fait dans la captation instille la légère appréhension d'un possible pugilat, qui peut virer à la phobie. J'entretiens de bonnes relations avec une dame maghrébine d'une grande politesse, qui ne se sert qu'en répétant « on partage, on partage » ; et je sais que, toute fluette soit-elle, elle fait des kilomètres à pied avec sa charrette à marché pour éviter les rixes qui éclatent autour des poubelles de son quartier à elle. La peur du dérapage suscite justement un grand désir de civilité, entendu spontanément comme système de signes d'accord mutuel garantissant une répartition pragmatique du butin. Le tri se fait certes en fonction des goûts et des interdits alimentaires (mes comparses ont vite jugé, au faciès, que j'étais mangeur de porc et la plupart d'entre eux me refile sans barguigner les saucissons), mais ce partage repose par ailleurs sur la fondamentale inégalité socio-économique entre ceux qui disposent d'une cuisine et ceux qui, à la rue ou trop mal logés, se contentent de plats tout prêts ou d'aliments à consommer froids. L'éventail social se déploie bien large entre les sans-domicile-fixe en quête de sandwichs périmés claudiquant sous le poids de leur cabas et les néobourgeois, friands de légumes bio pas chers, qui débarquent à bicyclette. Le 5 à 7 dévoile les différences mais ouvre aussi l'espace d'un dialogue même minimal entre personnes qui dans la journée ne se croiseront plus.

Entre plusieurs glaneurs se partageant une même poubelle, un dispositif pragmatique s'installe en phrases minimalistes – « ça c'est bon ! », « tiens, prends ! », « j'en ai déjà d'hier » – mais surtout par des gestes qui assurent une action efficace : saisir le conteneur, le pencher, voire le vider et trier, remettre les ordures non recyclables, faire place nette. Car cette transaction chronométrée doit être rendue quasiment invisible pour garantir sa pérennité : il suffit d'un glaneur qui fait scandale, renverse le contenu d'une poubelle et terrorise ses pairs pour que la source se tarisse (le commerçant excédé sortira la poubelle juste à l'arrivée de la benne et, pour six mois, pour un an, c'en sera fini du recyclage miraculeux).

Comme tous les chasseurs-cueilleurs, les rôdeurs-glaneurs urbains apprennent vite à s'équiper (cabas, gants), en fonction de leur goût pour la technologie (certains se munissent d'une lampe frontale pour sonder en une seconde le contenu des poubelles – lors des matins d'hiver, on voit de loin le rayon de leurs leds s'agiter dans l'obscurité), ils assimilent les gestes : trier, repérer les denrées consommables, les écarter des vraies ordures, vérifier d'un coup d'œil la date de péremption – à moins qu'on aille vite, et qu'on se réserve pour plus tard la peine (ou la joie) d'un deuxième tri. Malgré la routine, il reste toujours dans cette manipulation un peu de fébrilité : appât du gain, plaisir de la pêche et de la pioche, qu'aiguise légèrement la présence d'autres glaneurs potentiellement plus rapides et plus rapaces. 5 à 7, nuit du chasseur.

Il y a des moments lumineux. Nous étions une fois quelques-uns à attendre l'heure bénie. C'était l'hiver, il faisait encore nuit noire. Au moment où M. consentit enfin à sortir son conteneur, arriva sur un vélo de course un glaneur aux airs de champion, svelte, en tenue de cycliste professionnel, ganté, la frontale vissée sur son bonnet. Sans rien nous demander, il fit basculer d'un geste le couvercle, orienta le faisceau lumineux vers les profondeurs de la poubelle, fit son choix en quelques mouvements souples, puis se remit en selle et repartit promptement fendre la nuit. Nous, les lents, avions, interloqués, attendu la fin de ce court manège après quoi, haussant les épaules, nous nous mîmes à l'ouvrage. Ce fut alors que sortit d'un établissement de plaisir dont ce quartier regorge un noceur tout à fait pompette, manifestement satisfait de sa nuit, qui nous harangua en russe, nous assurant de sa sympathie et, joignant le geste à la parole, sortit de sa poche un portefeuille et du portefeuille des billets de banque qu'il se mit à distribuer, comme un autre aurait œuvré à la multiplication des pains. Au moment où je vis les dix euros s'approcher de mon nez, j'hésitai à bredouiller de laborieuses explications (*tavarich, ja utchitel, mne ne nujno*), puis, haussant à nouveau les épaules, empochai le cadeau. Le Russe en goguette avait à bon droit la certitude d'avoir transmis un peu de la joie qu'il avait lui-même trouvée cette nuit-là à boire avec des filles, et chez les glaneurs, le contentement se doublait d'une jubilation dont la cause était inexplicable à leur bienfaiteur (et pas seulement pour des raisons linguistiques) : l'idée que l'ignoble champion de vitesse, le cycliste à frontale qui avait été si agile à se servir le premier et à décamper, avait raté la bonne aubaine. Tout le monde était très heureux, et profitait du sentiment qu'un peu d'équité était advenu sur terre.

Et peut-être en est-il ainsi à chaque fois qu'un bien consommable cesse d'être destiné au gâchis et quitte le parcours qui l'aurait directement mené de la production à la destruction. S'il est en général agréable d'œuvrer (et la glane est un véritable travail - organisé, fatigant, potentiellement dangereux), il est encore plus rassérénant de se savoir en train de remettre un peu d'ordre dans le monde, fût-ce en brassant des ordures.

Brillants cadeaux de la nuit.

Raisons rendant désirable un produit mis au rebut : vrai sujet de spéculation. Sur le fait m'électrise la pure joie de la rapine : elle est sans rapport avec le gain lui-même. J'ai souvent reposé après examen ce sur quoi je m'étais jeté avec passion. J'assouvis peut-être mes penchants de cleptomane qu'ont inhibés en moi mon éducation, la peur du gendarme, et, très loin à la suite, mon sens éthique. Plus tard, à l'heure de récapituler, quand on range et prépare de petits pochons pour les différents bénéficiaires de ces trouvailles, on échappe rarement au plaisir de calculer la valeur virtuelle de la prise : activité mentale sans fond ni fin, car l'estimation est aléatoire - comment calculer la somme correspondant à l'achat de ces mêmes produits (cinquante euros ? quatre cents euros ?) si l'on sait qu'on n'en aurait, par principe, jamais acheté autant, et peut-être pas du tout ? quelle est la valeur de la gratuité ? mais est-il gratuit, le produit jeté et récupéré *in extremis* ? Il coûte négativement en soustrayant ses bénéficiaires d'un marché où ils seraient acheteurs. Mais il a aussi un coût positif, puisque l'activité même de la glane, l'organisation qu'elle suppose, et jusqu'aux passions qui la motivent rechargent les objets dévalués d'un prix singulier, à vrai dire incalculable. De même que le 5 à 7 remplit la ville d'une armée d'ombres aussi zélée que furtive, il plonge le monde des objets dans la frange indécise où, sur le point de disparaître, ils sont rattrapés de force dans la sphère de l'existence, où ils redeviennent consommables, bons - enfin, pas toujours, mais en tous cas valeureux. Le 5 à 7 est la lisière aux contours flous, où paradoxalement l'être se régénère en son cœur même, à travers les choses qui cessent d'être déclassées, mais aussi à travers ceux qui s'en saisissent avec une passion (cupidité, faim, plaisir : tout est bon) qui font d'eux aussi des êtres valeureux. Vaillants, ils rendent leur butin précieux : cycle vertueux de la valeur.

Mais l'un des autres bénéfices de la glane est que, comme tout labeur facile et répétitif, elle permet de méditer, parfois voluptueusement. Il existe une analogie profonde entre la concentration de poules qui picorent et l'âpreté au gain des cueilleurs et des glaneurs. Les unes comme les autres s'affairent tandis que leur esprit reste disponible, perçoivent dans le même temps les résultats immédiats de leur besogne - trouvailles, aubaines, déconvenues - et le tissu de drames à distance desquels ils opèrent. Ils captent d'un seul coup leur nourriture et le Destin. Tout en m'activant sur la poubelle, je me perds en débats intérieurs sur l'honorabilité sociale et idéologique de la glane (insurrection contre le gâchis, contre les absurdités des législations sanitaires, contre le consumérisme implacable, contre l'intempérance qu'il révèle en nous et qui mène à notre perte) et au contraire ses aspects répugnants ou répréhensibles (activité sale, antiéconomique, indue - existe-t-il un seuil de pauvreté en deçà duquel la glane est licite ? idée que semble cautionner l'ancien usage de nos campagnes de délivrer aux nécessiteux un droit de ramassage du bois mort dans les forêts domaniales), qui sont à y bien regarder des appâts supplémentaires car ils ajoutent à la moralité foncière de cet exercice l'attrait d'une activité subversive et d'un exercice mental. Le nez dans le conteneur, je me plonge aussi dans ma controverse intime, si bien que j'entends souvent un passant imaginaire me demander si je n'ai pas honte, moi, un professeur ! - mais c'est pour le plaisir de me figurer en train de lui répondre, magistral : « Regardez tout ce bon pain ! C'est à qui d'avoir honte ? »

Dans les faits, les passants que cette activité semble choquer (il y en a) sont rarissimes à exprimer leur désapprobation. Nombreux sont ceux au contraire qui, tout en se hâtant vers des occupations qui leur permettront de se procurer les mêmes biens au terme du circuit économique classique du salaire et de l'achat, félicitent les glaneurs.

Enquête à faire.

Concentré, je picore.

DÉBOIRES D'ÉLEVEUR EN HERBE

Retour à la campagne.

J'ai acheté une couveuse de fabrication chinoise. Des quarante œufs placés, un poussin est arrivé à terme, un seul. Je l'ai bichonné. Élevé au chaud dans une poubelle. Puis comme il était bien résistant, je l'ai sorti dans la volière, où j'ai ensuite placé une poule et son poussin « naturel ».

Mal m'en a pris. La poule aura vu en lui une menace, et d'un coup de bec l'a tué. Et son poussin à elle, je l'ai retrouvé crevé dans un coin du poulailler, petite boule froide et hérissée. Pauvres poussins ! Pauvre mère poule ! Pauvre éleveur !

LA POULE INTERLOQUE

On m'appelle au téléphone, c'est sérieux, c'est l'Éducation nationale, et puis tout d'un coup une poule caquète, l'oie cacarde, ou bien je suis hélé de l'extérieur par B. en train de dépecer une bête, et j'aime l'instant de silence perplexe causé par les bruits de ferme déversés de l'autre côté du téléphone.

Les poules, ça interloque.

Ainsi, plus fort que la joie du lucre et du petit commerce prospère, il y a le menu plaisir de déroger au sérieux supposé aux lettrés : j'apporte ses œufs à la voisine (j'en ai mis 7 à la demi-douzaine, je suis un bon négociant, je soigne la cliente), et je m'écrie « c'est le marchand d'œufs ! » (exprès, je prononcer « marchand *deuf* », pas « marchand *deux* »). Mais la faute de français reste ignorée même de la voisine pourtant diplômée d'État, elle n'y voit ni erreur ni moins encore malice, dans ce pays on parle à la va comme je te pousse ; moi, j'en ai de la joie.

Adaptabilité continue.

LA POULE VAQUE

Une fois, maman qui commençait à se sentir vieillir m'a dit qu'elle se faisait l'impression d'une poule effarouchée. J'ai protesté (elle péchait par fausse modestie, excès d'humilité, etc.). J'avais tort. Pour elle, c'était une façon de dire qu'elle se heurtait à ses limites physiques (l'essoufflement qui commençait à entamer sa bougeotte) et intellectuelles (la douloureuse incapacité de comprendre, et de continuer de penser que la foi lui permettait de comprendre). Mais c'était aussi une façon de demander de l'aide pour continuer à courater et à chercher la vérité, fût-ce à tâtons et par gestes erratiques.

J'ai mis du temps à saisir que j'admirais la poule pour sa vaillance. Ses limites d'oiseau incapable de voler et de chanter lui valent sinon le mépris du moins la condescendance générale. Cela ne semble pas l'affliger puisqu'elle persiste à sa manière.

Sa principale activité, picorer, la mobilise continument des yeux, des pattes et du bec.

La poule vaque même quand elle se repose.

Si, aux jours de temps maussade, et aux jours de déroute, j'ai besoin d'une image de la félicité, il me suffit de voir les poules en train de prendre leur bain de poussière, ou même simplement d'y penser. Elles s'ensevelissent à demi, dans un creux qu'elles aménagent jour après jour, d'autant meilleur qu'il est plus sec et composé de grains plus fins (« nid de poules », donc, version triviale du bain de jouvence), mais là, sous couvert de repos, elles vaquent encore. Leur intense volupté ne vient pas du *far niente* – car elles s'occupent, ainsi couchées, à s'épouiller, et pour ce faire, remuent, s'ébrouent, se roulent sur le dos, comme en prise à une discrète mais tenace danse de Saint-Guy. Imagine-toi te gratter tout au long de ton bain de soleil. En hiver, je leur ouvre le hangar où le sol est encore sec. Elles le débarrassent à coups de pattes et de bec de ses cailloux et brindilles et là, dans ce décor ingrat de remise, encombré de vieilles voitures, bidons d'huile et de fuel, fatras d'outils rouillés, vaquant à leur hygiène, les voilà béates.

LE MÊME RAPPORT

Je me dis souvent que j'ai le même rapport envers mes poules que Dieu doit avoir envers moi. Un peu d'émerveillement, un peu de hauteur, un peu de pitié.

Quand l'heure viendra de leur mort, elles ne comprendront pas : dans l'intuition du danger, elles auront peut-être des gestes de piété pour provoquer ma miséricorde, des gestes que je ne comprendrai pas, ou, comme la poule bleue entrevoyant sa fin imminente, émettront-elles un son minuscule de supplication – Dieu détournerait-il, sous prétexte que ma ferveur gesticule, la hache sur le point de trancher mon destin ? Dieu ne comprendra pas.

Mais l'analogie s'arrête : par fidélité machinale, les poules me donnent des œufs. Et moi, à Dieu, quoi ?

*A**BRAM RÉPONDIT* :

« Seigneur mon Dieu, comment vais-je savoir que j'ai ce pays en héritage ? »

Le Seigneur lui dit : « Prends-moi une génisse de trois ans, une chèvre de trois ans, un bélier de trois ans, une tourterelle et une jeune colombe. »

Abram prit tous ces animaux, les partagea en deux, et plaça chaque moitié en face de l'autre ; mais il ne partagea pas les oiseaux.

Comme les rapaces descendaient sur les cadavres, Abram les chassa.

Au coucher du soleil, un sommeil mystérieux tomba sur Abram, une sombre et profonde frayeur tomba sur lui.

Après le coucher du soleil, il y eut des ténèbres épaisses. Alors un brasier fumant et une torche enflammée passèrent entre les morceaux d'animaux.

LA POULE COURATE

En général, on la voit qui s'enfuit. On arrive, on l'affole, elle se carapate, en mouvements désordonnés ponctués de caquets. Réputation de couardise. La poule mouillée. Mais regarde-la qui accourt vers toi, non pas en situation de fuite mais de hâte. Quand elle court, c'est d'un pas erratique, car son champ de vision réduit la pousse à rectifier sans cesse son point de mire. Son allure semble dictée par l'indécision et même la peur, alors qu'elle résulte d'une analyse fine du terrain (ce sont des poules armées de caméras sur la tête que l'on utilise pour aborder les champs de mines). La poule a cessé de vaquer, la poule courate.

Tu passes la ligne de thuyas, elle tourne la tête et puis soudain elle aperçoit cette forme au loin – pas toi, ni ton visage que sans doute elle ne distingue pas, mais ta silhouette, un corps humain prolongé du seau blanc –, elle modifie son allure, comme un cheval passe du trot au galop, la voilà qui s'élance, s'approchant du sol pour faire de plus grandes enjambées et rabattant légèrement les ailes pour adopter un profil aérodynamique, la voilà presque en vol, la course folle ! car elle l'a aperçue la silhouette tant attendue d'un seau blanc qui se balance au bout d'un bras, corne qui incessamment dans l'auge déversera l'abondance. Le seau est juste à bonne hauteur, dans la ligne de mire, et peut-être leur hâte à le rejoindre lui témoigne-t-elle plus qu'un simple effort : du désir, de la ferveur. Parfois elles se trompent d'heure, tu n'as à la main qu'un sac d'ordures ou qu'un outil, mais les voyant pareillement balancés au bout de ton bras, elles se prennent à rêver, à croire à un deuxième tour, à l'aubaine d'une ration surprise, ce n'est peut-être plus tant la faim qui les motive puisqu'elles s'élancent même si elles n'ont pas fini la première auge. Les cueilleurs de baies sauvages le savent : il y a une tendance mécanique à picorer de-ci de-là, quitte à abandonner le meilleur filon pour y revenir plus tard. Le parcours dicte sa loi, même si d'autres motivations la corroborent : l'espoir d'une nourriture meilleure, ou la force de l'habitude ancrée par la satisfaction quotidienne du désir, ou la puissance du rituel légitimé par le retour régulier du seau blanc aux abords du poulailler. Crainte que de les voir indifférentes, le seau ne se vexe, et ne se lasse, demain, de revenir. Sentiment trouble d'un devoir, la manifestation de la reconnaissance garantissant confusément le retour du bienfait.

Quand la poule se met à courater puis à foncer, elle cesse de vaquer. La concentration, le regard très court, les gestes précis et énergiques, tout ce que vaquer requiert est comme suspendu.

Je discuterais volontiers pour savoir s'il s'agit vraiment d'un sursis ou si vaquer et courater ne sont pas des formes plus intenses de la même activité, ces montées en régime successives s'expliquant par une bouffée d'exaltation : tu vaques car tu désires, tu courates car tu espères, tu fonces car l'allégresse te remplit.

Mais avec qui discuter ? Ratiociner sur ses retombées métaphysiques n'est pas dans le genre des éleveurs, et même la *Revue rustique* reste circonspecte ou muette sur le sujet. Mes copains écoutent avec plaisir mes histoires de poules car ça les change de l'Éducation nationale, mais ils calent assez vite sur certains aspects psychologiques (« M. rêve d'avoir un poussin à lui, tu crois que c'est une bonne idée ? ») ou matériels (« Elles mangent vraiment tout ? et vraiment tu les tues ? tu les plumes toi-même ? ») ou bien, par erreur ou par malice, ils mêlent à la question de l'anthropomorphisme l'angoisse qu'ils ressentent ou feignent de ressentir au sujet de leur propre nature (« Et la viande elles mangent aussi ? Et les os de poulets aussi ? Ce sont des cannibales ! »).

J'attends une étiologie satisfaisante. C'est le matin, un soleil timide caresse la campagne ingrate, et le seau d'abondance se déverse dans l'auge. C'est midi, je passe, une pelle à la main, et je les vois, mes poules, qui se trompent, et qui couratent puis foncent, bolides lancés vers la ration qu'elles espèrent extraordinaire, mes poules qui croient au miracle. Moi, j'attends.

J'ai mis au point une formule que je risque à l'occasion, pour tenter le coup d'une vraie dispute à l'ancienne, une discussion à la loyale. La voici : « J'espère que Dieu aura pour moi autant de miséricorde au moment de ma mort que j'en ai pour mes poules au moment de la leur. Je n'en suis pas sûr, je suis même presque sûr du contraire. Mais je tente le coup. C'est une suggestion : à bon entendeur ! » D'habitude, ça fait rire. Mais personne n'ose me prendre au mot et embrayer sur une authentique dispute. Mes congénères n'aiment pas parler de Dieu. Ils n'aiment pas parler des retombées métaphysiques du poulailler.

La poule interloquée

Une poule, tout semble la décontenancer ; elle reste le bec en l'air, déconcertée par le moindre brin d'herbe. Sa piètre réputation vient de cet air perpétuellement perplexe : « une poule devant un couteau ». Ce procès en idiotie est une mauvaise querelle. En réalité, elle n'est pas plus interloquée devant le couteau que devant le brin d'herbe, car tout la plonge en arrêt. Le plus plausible est qu'elle se demande si cela se mange, mais cette hypothèse est compatible avec les autres : la poule peut par exemple être remplie d'intérêt et de désir de connaissance. Poule interloquée ne le restant jamais très longtemps, l'instant d'arrêt peut être interprété comme une phase de son processus perceptif, semblable à ce suspens du raisonnement préalable à l'analyse qu'on enseigne aux enfants des écoles dont on espère éveiller l'esprit philosophique – prendre le temps de dissiper le préjugé, restaurer la virginité de la sensation pour éviter au jugement de faire fausse route dès le départ.

Il y a, un peu plus loin, l'hypothèse que l'instant où la poule reste interloquée signale sa sidération devant une preuve possible de la malice intrinsèque du monde. Ce suspens analytique lui permettra d'établir si le phénomène observé est aubaine (le lombric que J. s'activant au potager jette en pâture à sa poule préférée) ou contrariété nouvelle (il pleut, le maïs a un goût d'aigre, etc.), voire un drame supplémentaire, confirmant un vieux fond pessimiste (existence absurde, environnement hostile - pourquoi élevons-nous des poules dans nos campagnes humides alors qu'elles sont à l'origine des animaux de désert et que rien ne leur fait plus plaisir qu'une litière de poussière sèche ? -, développement sans cesse menacé : faible espérance pour un poussin d'arriver à l'âge adulte - malformation, fouine, pie, rat, propriétaire, etc. - et espérance quasi nulle d'arriver à la vieillesse).

Dans nos campagnes, il y a beaucoup de malheur. Un bon tiers de la population vit sans travail officiel. Les gens se jettent sur la voie de chemin de fer et sont déchiquetés par le train, ils avalent le contenu de toutes les boîtes de cachets cachées dans leur tiroir à pharmacie, mais le plus souvent ils se suicident dans leur grange. Dans le hangar de notre maison, une corde pend - apparemment de toute éternité - à l'une des poutrelles métalliques, comme disposée en cas de besoin. Stupeur à l'annonce d'un nouveau drame, stupeur renouvelée à constater le peu de répercussion apparente de cette nouvelle sur le comportement et l'emploi du temps de ceux qui la reçoivent, moi compris, comme si nous (les gens, le paysage) l'intégrions à une zone de la conscience spécialement agencée pour les catastrophes, un trou noir ouvert à toute éventualité, prêt à absorber les calamités à mesure et à en dissimuler la tache sur la réalité des jours et sur le visage serein des campagnes dont la placidité devient dès lors suspecte de contenir plus de trouble que de calme. C'est un peu partout le « champ du Sang ».

Sur les éteules flottent des rubans de brouillard et les échos des cantiques chevrotés par l'assistance déplumée des paroissiens. Notre curé rondouillard n'y peut rien, ces accents pathétiques et discordants s'échappent de l'église et se faufilent avec simplicité et malice à travers prés, s'égrènent dans l'air aigrelet, la prose du monde. Le sublime des fins dernières me prend à la gorge.

La corde est accrochée à une haute poutrelle du hangar, un endroit si difficilement accessible que je ne peux me figurer qui a bien pu la poser, il faudrait pour cela une agilité de singe - ou d'ange. À cette idée, d'un coup l'espace se peuple d'êtres ailés pour le meilleur et pour le pire, et voilà mon esprit hanté par une mécanique de déductions qu'un génie aura mis en branle. Ce hangar silencieux, troublé à peine par les cris de la basse-cour, vibrait jadis de ses bruits de ferme – beuglement des vaches et tapage régulier des moteurs, outils, choses qu'on tire, fend, déplace et renverse, mais il s'est assourdi au fil du temps et cela l'accuse d'avoir tout fait disparaître, à l'occasion d'un drame dont je ne veux rien savoir mais qu'indique, discret et pourtant insistant, hé hé hé, élémentaire !, le chanvre effiloché qui pend à la poutrelle. Il semble faire flotter dans l'air un rictus subreptice qui scintille comme un mirage, emporté dans un vol erratique de chauve-souris.

Il y a une poule de morte dans le poulailler, il y a un homme de pendu à la poutrelle de la grange.

Dieu sans doute ne cesse de trouver de tels petits billets rédigés d'une main appliquée par tous les pessimistes dont il a couvert le monde et qui diffusent des nouvelles dont il doit dissimuler l'écho : le curé interrompant la prière eucharistique fait glisser son regard sur la liste des défunts de la semaine qu'il a griffonnée sur un papier, le papier glisse, parfois s'envole, il le ramasse dans un mouvement malhabile puis lit en butant sur les noms, les paroissiens ne voient plus que ce manège cocasse, ils ne pensent plus au lit d'agonie, à la sueur d'angoisse, Dieu voit que son stratagème a marché et continue de plus belle, déversant la rumeur de malheur dans de vastes poubelles qu'il a conçues pour les faire disparaître sous l'image de calme pesant sur ses campagnes, mais qui font constamment craquer la paix en lui : à chaque fois, il s'arrête, interloqué par ce nouvel accroc dans sa manche, dans la marche de son monde, et il lui faut un peu de magnanimité courageuse (mais aussi – qui sait ? – de bassesse légèrement lâche) pour continuer à faire bonne figure et s'abstenir de tout laisser tomber, vaincu par le poids de ces échecs répétitifs, délaisser les créatures à la mauvaiseté de la création qu'il a faite, et s'abandonner au couard soulagement de les voir disparaître une fois pour toutes, il accroche son regard aux rebords du billet où le message est inscrit, *il y a un corps de déchiqueté sur la voie de chemin de fer,* qui l'interloque, à chaque fois tout est mis en question, entre l'hypothèse d'un écroulement global et peut-être attendu, et la décision de continuer quand même.

Après l'instant de suspens qui l'a pétrifiée d'horreur ou de peur, la poule continue de picorer.

Alors que moi, je vaque, de même que toutes les créatures rassemblées dans la maison et la terre attenante, une apparition traverse l'atmosphère, une face grimaçante à la fois spectaculaire et imperceptible. Elle ressemble à ces personnages singuliers et follement séduisants qui me visitent en rêve. Elle est légère et peu incarnée - comprenant plus de rictus que de visage, tu comprends ; mais aussi, en totale contradiction avec cette ténuité, elle frappe par son aspect buriné, le front et les joues sont ravinés de rides, de sillons donnant à la peau une telle épaisseur qu'on voudrait y plonger le doigt juste pour la curiosité de savoir jusqu'où il s'y enfonce. Flottant dans le hangar, c'est la face d'un ange par sa légèreté, mais par la consistance de son expression tourmentée, c'est le reflet du souci de Dieu.

GOETHE AU POULAILLER

Que dit la poule quand elle caquette ? Des *cot-cot-codec* en cascade quand elle pond, *cot-cot* plus brefs quand elle vaque, d'autres encore quand elle s'affole et courate, quand elle se chamaille et proteste - mais c'est plutôt le silence quand d'aventure elle se retrouve face à moi.

Je lui parle. « Qu'est-ce que tu fais là, la fille ? La vie est belle ? »

Mais de sa prunelle fixe et de son bec dressé en biais, elle me retourne mes propres interrogations.

La poule interloque.

Le poulailler métaphysique.

Un matin cependant - mais peut-être est-ce en rêve - la poule me parle et au lieu de *cot-cot*, j'entends distinctement *Goethe-Goethe-Goethe.*

Goethe, oui ! l'écrivain philosophe de Weimar.

Je la détrompe.

« Y'a gourance, la fille ! Goethe, c'est pas moi ! Manquerait plus que tu me prennes pour Dieu ! »

Mais elle insiste : *Goethe-Goethe-Goethe !*

Quand l'incroyable devient réalité, l'homme occidental, éduqué à faire taire les prestiges qui peuvent illuminer sa vie austère, cède et s'autorise un pas de côté. Un peu cinglé, j'avance.

L'irruption de Goethe dans la basse-cour était improbable. *A priori*, mes poules ne sont pas à la hauteur. Goethe, c'est une pointure, et ça sent le soufre. Alors que mes poules sont archi-morales, et ne dévieraient pas du cours fixé par leur espèce ! Je les vois mal pactiser avec Méphisto – et d'abord, qui serait-il ? le renard ? moi ?

Encore que, même là, à la réflexion elles ne manquent pas d'arguments. Éloignées qu'elles sont de toute fiction romanesque mais non pas d'appétence pour la vérité, je les conçus alors capables, à leur échelle, d'une soif faustienne de connaissance, de s'adonner aux sciences de la nature (elles sont expertes en pédologie et en entomologie), de s'attaquer à la théorie des couleurs (j'ai noté leur propension à analyser la nourriture d'abord par sa qualité chromatique) et même de me pousser – je l'ai remarqué – à ratiociner sur leurs modes d'intellection et de communication. En réalité ce que j'imaginais leur manquer le plus, c'était la passion. Avais-je tort ?

LE POIVRON VERT

Bonnes poubelles écologiques. Les poules mangent de tout. Mais elles privilégient le mou (vieilles nouilles, pâte détrempée) et le gras (mes poules normandes adorent le camembert) qui en grande quantité doit être préjudiciable à leur santé. Elles se fient aussi à la couleur – le rouge les attire. Il y a peu de choses qu'elles évitent, à l'exception du poivron vert.

Va savoir pourquoi.

À cause de sa couleur, justement?

Mais alors elles devraient refuser l'herbe.

En tous cas, le poivron vert, c'est non.

ÉDOUARD ET ODILE

Je n'ai longtemps eu (bravo l'Éducation nationale !) sur la vie des oiseaux d'autre instruction que l'imagerie religieuse : le Saint-Esprit apparaît sous la forme d'une colombe pour activer la création et, en tout illogisme, féconder la Vierge Marie. J'ai réellement cru jusqu'à une période récente qu'il suffisait à un couple d'oiseaux de voleter l'un près de l'autre pour *concevoir.* Ce n'est qu'une fois maître et possesseur de mes premières volailles que j'eus la curiosité d'y voir de plus près. En fait, « l'accouplement a lieu par juxtaposition des cloaques du mâle et de la femelle. » Je suppose que c'est un puritain qui a fixé une terminologie aussi atroce, mais il est intéressant de constater que les poules semblent partager cette répugnance : elles ne manifestent aucun plaisir apparent à la bagatelle. Certaines rebelles sont capables de courses folles pour échapper à cette corvée. Pourtant le coq arrive à ses fins, il coche ses poules « vingt à trente fois par jour » (Bernardin de Saint-Pierre, *Harmonies de la nature*, 1814, p. 168). Les poules une fois honorées (ou déshonorées ?) s'ébrouent et retournent vaquer. Il y a beaucoup de mélancolie à observer l'apparente placidité avec laquelle elles souffrent d'avoir été, sans presque aucune parade préalable, couvertes et abandonnées.

Qu'en sais-tu, toi le « maître et possesseur », du drame qui déchire peut-être l'être pris à ce piège ? saurais-tu dire si la victime s'y est soumise par fatalisme (servitude routinière d'autant plus vite réglée qu'on y consent) ou, malgré tout, par instinct de conservation de la race ?

Mais le débat sur la reproduction est lui aussi ambigu : la perspective de la génération (la ribambelle de petits dont la mère puisse s'enorgueillir) est bien plus aléatoire chez les poules que chez les mammifères ou même que chez les autres oiseaux. Au poulailler, la pondeuse – à moins de prendre le risque d'un nid éloigné des regards (cela arrive) – a peu de chances de disposer d'un pondoir à elle, car entre ses pontes d'autres auront pris la place, et quand l'une d'elle se décide à couver, elle s'assied sur les œufs de n'importe qui : s'il y a quelques chances qu'elle couve les siens propres (mais ce n'est pas une certitude) et quelques preuves qu'une autre poule peut tenter de déloger une couveuse pour accaparer le nid et récupérer ses œufs à elle, en revanche il est peu probable que la couveuse, quelle qu'elle soit pour finir, ne réchauffe que les siens.

Est-ce pour avoir été depuis si longtemps domestiquées que les poules manifestent cette propension à abandonner le modèle de la conception individuelle (à chaque poule ses poussins) au profit d'un régime de mères porteuses ou plutôt de mères de substitution, qui couvent à la place des autres ? Ce régime d'abandon-adoption majoritaire dénote une gestion libérale des goûts individuels : à chacune son occupation favorite, et entre couver ou courater ou vaquer, on peut choisir, et même alterner. Une gestation pragmatique qui n'empêche en rien les adoptantes de faire preuve envers la portée une fois éclose d'instinct maternel et d'extrême jalousie. En dépit d'une sexualité dépourvue de presque tout protocole amoureux, les actrices principales, d'accord entièrement passives, ne manquent donc ni de sollicitude et d'attachement pour le fruit de « leurs » entrailles (en fait, donc, essentiellement des entrailles de leurs congénères).

Il apparaît ainsi que le sentiment qui manque à leur couple ou plutôt à l'accouplement reflue sur la progéniture, sous un effet de vases communicants où la passion se déverse, quel que soit le modèle explicatif qu'on retienne: réactions chimiques en chaîne, compensation psychologique (substitution), métaphysique du sacrifice ou du don. L'un des éléments troublants reste que ce transfert ne s'opère pas seulement entre instances de l'individualité propres à chaque poule, mais entre individus du poulailler. Ainsi la mère poule comblée par les petits éclos d'œufs qu'elle n'a pas pondus récupère le flux passionnel que la poule fécondée lui a cédé en lui confiant ses œufs, lui donnant pour ainsi dire procuration sur son lot, alors que de son côté celle-ci continue de s'adonner aux occupations du programme - vaquer, courater - ponctuées de ces intermèdes inévitables (et, selon l'opinion de certaines, regrettables) durant lesquels le coq revient à la charge et parvient encore une fois à ses fins.

Quant au sentiment amoureux, il est peut-être aussi l'objet d'une telle redistribution, le coq n'ayant à consacrer de son potentiel affectif à chaque poule que la part relative qui lui revient entre les nombreux individus qu'il (dés)honore, sans préjuger d'ailleurs d'éventuelles préférences à lui, peut-être parallèles à la stricte hiérarchie du poulailler dont il est le garant. Aussi peut-on le croire meilleur amant de la *prima dona* que de la dernière poule piquée par toutes les autres, quoique, de cela je témoigne, si attachement particulier il y a, il se reflète au mieux dans une parade galante expéditive ou un coït promptement liquidé. Le fait que le poulailler tout entier jouisse d'une passion, ainsi répartie de façon inégalitaire ou non, on peut le saisir par analogie avec les intermittences du sentiment humain ; et aussi supposer que ce régime de distribution sexuelle diffuse dans le poulailler la satisfaction proprement métaphysique d'un accomplissement, à laquelle toute poule a pareillement part, sans considération de la ferveur de l'amant et de sa vocation à devenir mère : elle y a part *indifféremment*, qu'elle couve ou qu'elle ait cédé ses œufs aux adoptantes, qu'elle se consacre aux poussins en devenir ou qu'elle s'en désintéresse, préférant s'adonner aux activités du parcours – vaquer courater.

La mélancolie que nourrit la contemplation du poulailler ne se réduit donc pas au constat désolé de l'altérité substantielle des conditions (galline et humaine, en l'occurrence) et de la supposée injustice faite par la nature à des animaux à qui elle refuserait le plaisir d'une sexualité consciente et assumée, mais elle procède, une fois surmonté ce pénible décompte des avantages respectifs des espèces, du cheminement mental provoqué par cette différence si ouvertement affichée, au bout duquel nous supposons une certaine malléabilité dans la répartition des besoins et la satisfaction des désirs. Les poules qui renoncent à leur maternité n'y perdent-elles pas ? Ces bonnes mères ne feraient-elles pas aussi de bonnes amantes, si le coït durait plus longtemps et que les mâles étaient moins hâtifs ? Cette comparaison fait bientôt naître à la place de la désolation une joie vague, à voir qu'en fin de compte la poule heureuse vaque au pré avec ses poussins - Dieu soit loué de tout ! Mais il y a aussi une sorte de contentement plus profond à voir que l'on peut retourner de cette joie à la désolation, à peine aura-t-on retrouvé au matin une poule morte dans des conditions inexplicables, à peine aura-t-on compati face à l'air douloureux avec laquelle la poule cochée ferme les yeux, le temps que se passe le plaisir de son coq.

Et la poule cultivée, dans tout ça ? « *Goethe-Goethe-Goethe !* ».

Les Affinités électives raconte les péripéties sentimentales et intellectuelles de quatre personnages, Charlotte et son mari Édouard, Odile, nièce et protégée de Charlotte, et le Capitaine, un ami d'enfance d'Édouard. Mais au-dessous de l'intrigue amoureuse, dominée par la passion d'Édouard pour Odile, le récit de Goethe déroule un autre fil, celui des travaux d'embellissement du domaine seigneurial d'Édouard.

La ferme, on l'a achetée pas trop cher, et pas trop loin de P. où se trouve le travail ; on la retape dans ce qui reste de temps. La comparaison avec le domaine d'Édouard suggérée par ma poule est un peu osée : longère et non château ; quelques arbres plantés au jardin au lieu des aménagements compliqués de Charlotte ; la partie arrière du jardin, clôturée pour les bêtes, est dominée par un hangar en tôle ondulée années 1970 ; quant au pré où s'élève le poulailler, c'est carrément la zone.

Côté intermittences du cœur, mes poules n'ont de leçons à recevoir ni d'Odile ni d'Édouard.

Picorer Glaner

Se voir glaner dans la ville, voir picorer la volaille dans le pré, c'est observer deux aspects d'une même activité de cueillette et de récupération développées sous des modalités analogues mais séparées par la différenciation des espèces. Faire de cette contemplation une pratique quotidienne a fait germer en toi le sentiment d'une réciprocité avec tes poules, non seulement économique (l'échange des services rendus : à elles le contenu de ton seau blanc, à toi leurs œufs d'or) mais aussi cognitif, le dédoublement d'une similarité déconcertante sous des apparences suffisamment distinctes pour, en retour, percevoir vos intérêts partagés - non pas parce qu'ils sont les mêmes mais parce que, différents, ils se ressemblent. Ce constat ouvre d'intéressantes perspectives d'histoire naturelle et tu ne manques pas de te lancer périodiquement dans la lecture de traités avicoles à partir desquels tu déduis les avantages et les manques comparatifs de ta condition d'homme.

L'empathie que ce constat nourrit en toi, plus discrète et plus essentielle que la révision de tes connaissances, est un sentiment vague mais prégnant, ténu mais captivant, que tu éprouves d'autant plus que ce qui le provoque te reste étranger. Si l'empathie naît en toi pour tes congénères, ce n'est pas pour la part d'eux-mêmes que tu connais, mais pour celle qui t'échappe. Et ainsi la développes-tu d'autant plus que ce qui la provoque te reste opaque : animaux, choses, paysage. Plus l'altérité est grande, plus intuitive la communication qui vous lie, plus tu es pris d'empathie.

Car ce n'est pas sur les ressemblances positives existant entre toi et cette chose, cet animal, ce paysage que repose la résonance qui vous unit, mais au contraire sur ce qui rend cette analogie floue, et ardue l'entreprise d'en rendre compte. Dans l'esprit de celui qu'intrigue - lentement, laborieusement - cette convergence, ce qui emporte le morceau, c'est le moment où il en perçoit la part douteuse, et, comme telle, la reconnaît comme l'insoluble résidu de perplexité qui persiste au cœur de la conviction, et qui, comme un défaut dans l'eau d'une émeraude en certifie le prix, la *gage*, fragment imparfait dans le monde imparfait.

Quand la vision des fins dernières me saisit à la gorge, je sacrifie au raisonnement (spécieux, mais pas tout à fait puisque je sais qu'il l'est) que le scandale de cette douleur éparse sera atténué par la puissance ténébreuse de la part que j'y prends, en me racontant que j'y répondrai en m'astreignant au jeûne symbolique le temps du carême. Cela n'y change rien. Vraiment ?

Sur l'échelle de l'esthétique, c'est bien au degré le plus *commun* que se situe le sentiment empathique. Le sublime emporte l'extase, le beau la joie et le plaisant la jouissance. L'empathie, qui s'éprouve à équidistance entre beau et laid, agréable et pénible, t'anime - plus simplement mais aussi plus substantiellement - d'un sentiment de communauté, un affect ressenti loin de toute évidence, comme un je ne sais quoi passager qui te traverse sans guère plus d'insistance que l'ombre d'un nuage emporté par le grand vent caresse un champ. Et tout comme elle est moins une affinité établie et reconnue qu'une intuition, furtive et discrète, de familiarité, de même elle se déclare moins par un mouvement ferme et précis que par un tremblement, une sorte de frisson. Et ce qui te turlupine, et bientôt te passionne, c'est qu'elle ne t'apprenne à capter ces niveaux insoupçonnés de l'être qu'au prix d'un exercice où elle-même s'énonce à bas bruit.

Et aussi ne parle-t-elle presque pas, ne se révélant guère qu'en surface, plus souvent devinée par ouï-dire, par des indiscrétions de seconde main (et d'ailleurs contradictoires à mesure qu'elle change, elle, passant de l'accord dans la sérénité à la compassion dans la terreur), se manifestant par signes quasi inaudibles, inarticulés, d'apparence aussi inoffensive que les borborygmes d'un bébé qui gazouille ou d'un homme qui dort. À certains moments, l'empathie fait ce frêle bruit, bienfaisant et doux, le clapotis d'un filet d'eau, une sorte d'accessoire auditif de l'idylle, et tu l'entends. À d'autres, elle passe par un petit cri, invraisemblable et intrigant : le jappement sympathique lancé par un cabot à l'herbe ingrate d'un talus ; le froissement d'un drap sous les pieds d'un alité, peut-être malade, qui les contracte involontairement ; la note quasi inaudible émise par une poule à quelques secondes de son sacrifice – il n'empêche : cette somme de presque-riens se mue en une rumeur, comme échappée des orifices d'un grand corps taciturne et mal contrôlé, un chantonnement pas forcément allègre s'élevant dans l'air, et tu l'entends. À d'autres moments enfin, elle apparaît comme l'écho de la calamité qui se rapproche, de massacres en cours, le clopinement lamentable d'une haridelle efflanquée, la peau sur les os, cagneuse à pleurer, dont la simple approche est un reproche à l'existence, et, plus effrayante à mesure que son apparition est brève, comme le pas rapide d'une chimère d'épouvante, au visage hâve et émacié et aux bras ballants, aperçue l'espace d'une seconde battant la campagne, ou même devinée - car l'esprit d'association est inépuisablement ingénieux - d'après la pointe d'une faux aperçue dressée au milieu des champs, ou simplement le raclement sur le chemin d'un bout de bois qui peut être le gourdin avec lequel cet être diabolique vient tourmenter l'âme repue du philistin, ou le talon de la jambe de bois sur laquelle clopine la Grande-Boiteuse, et tu l'entends ; au jour des morts individuelles, c'est la prêtresse revêche, aperçue en songe assise sur le chariot, le visage hiératique mais frémissant de compassion silencieuse et de résignation, indiquant, hélas !, que ce mal prend place dans la procession, le rendant ainsi moins unique, certes, mais plus fatal ; et au jour des trépas collectifs, c'est la grande Furie sans larmes dont la silhouette flotte et scintille au bord des fosses communes et sur les barbelés des camps, et tu l'aperçois. De tout cela - vol d'hirondelle ou pas botté, elfe, rayon vert, voix dans l'orage, seconde de silence dans l'œil du cyclone -, tu sens la caresse sur l'air du temps. Exercices d'empathie. Enquête à faire.

LA POULE INTERAGIT

J'adore la poule « cou-nu », dont les manuels gallicoles disent qu'elle est originaire de Transylvanie. Son cou sans plume la fait ressembler à une petite autruche ; elle est vive, prompte à apprendre. Et (pas d'angélisme) « sa chair est recherchée ».

Dans le pré derrière la maison, les cou-nu ont fait connaissance avec les moutons. Elles leur grimpent dessus, picorent les parasites de leur laine, ce qu'on appelle se faire manger la laine sur le dos, et tout le monde est bien content.

Dans ce pré, quelques arbres fruitiers, dont le pommier aux beaux fruits abondants (c'est aussi le pommier des sacrifices). Une cou-nu se découvre une passion pour les pommes. Elle s'envole jusqu'aux premières branches, picore les fruits. La pomme est bonne. La poule est contente. La pomme tombe.

Les moutons qui guettent la scène se disputent pour la manger.

Dans le feuillage le rouge des fruits, le roux des plumes des cou-nu, et sur le pré la teinte grège de mes moutons impatients. Les couleurs se répondent, les bêtes aussi.

Je crois qu'une fois ou l'autre je suis sorti interrompre cette idylle pour sauver ma récolte. Mais je sais aussi qu'un jour saint François m'a tiré par la manche, m'invitant à m'arrêter et à contempler plutôt quels cadeaux se faisaient dans le pré les créatures les unes aux autres.

Les fins dernières

SUR TON DOS

En mal d'enfants, la dinde, ayant pondu trop peu, s'est mise à couver des œufs de poules : des dix, trois éclosent, deux poussins périssent. Elle élève le survivant. Comme un fils. Mère adoptive.

Tout petit, il lance des regards médusés sur l'immense silhouette maternelle. Comme elle est grande, magnifique ! Elle reçoit cet hommage comme une belle accoutumée aux flatteries, sans se laisser perturber par cette admiration sans borne, sans manquer à son office de protectrice nourricière. Grandeur simple.

Des hommages, elle n'en a pourtant pas connu beaucoup dans la vie, hormis les assauts de son dindon qui la piétine avec une régularité de métronome, et l'observation respectueuse que je me permets de temps en temps devant le profil vaguement inquiétant de son crâne de dinosaure.

L'éducation du poulet va bon train. Il sautille, elle avance de son pas lent de nourrice honnête. Le spectacle de cette éducation – non pas contradictoire mais divergente de la pure filiation – coïncide avec les débats de société contemporains et fournit d'excellents sujets de conversation, qui font sourire. Mais hors société, dans l'intime de la méditation quotidienne, il donne à penser beaucoup d'autres disciplines.

(Philologie.) Dans l'éducation des oiseaux, le contact corporel est d'abord intense – les poussins vivent sous la mère qui se tient accroupie au-dessus d'eux : dans l'épaisseur de son plumage, sous cloche chaude. Puis il se limite drastiquement aux gestes d'alimentation – le bec à bec réservé aux nourrissons, dont les poussins se passent dès la seconde semaine. Le reste passe par le langage, une conversation entamée, aux dires des éthologues, dès la couvaison, et qui ne s'interrompt quasiment jamais jusqu'au moment où la mère se désintéresse soudain de sa progéniture désormais indépendante.

Quelle est la langue à laquelle recourent dinde et poulet pour communiquer ? La dinde glougloute à sa manière bien distincte du gloussement de la poule, mais l'intercompréhension semble assurée. J'entends le petit piailler. Un cri toutes les cinq secondes environ, manifestement sans aucune méprise. Parle-t-il dinde ? Se fait-elle du souci pour cet enfant qui tarde à parler comme les autres ? Se contentent-ils - par ingénuité ou par détachement - d'une interlangue de basse-cour ?

(Didactique.) La dinde est réputée stupide. Cette mauvaise presse me désole car je lui trouve, moi, du bon sens, et une propension à communiquer à bon escient : les trois notes de ses glougloutements sont d'une discrétion plutôt mélodieuse, même si elle manque parfois à en ponctuer les grands événements quotidiens (sortir du poulailler, passer la barrière délimitant le cailloutis du champ d'herbe grasse, apercevoir la pitance). Disons plutôt que la dinde est notoirement lente : elle lambine sur son perchoir alors que le contenu du seau blanc vient d'être déversé dans les auges, puis, enfin sortie du poulailler, se montre moins stratège que les poules pour la capture de sa nourriture, incapable de contourner un obstacle, de goûter à ce qu'elle ne connaît pas, etc. Sous la pluie, elle tarde à comprendre qu'il lui faille se protéger, et, si je la pousse à rentrer, elle tourne vers moi sa tête trempée, figée dans une hébétude stoïque. Quand je lui réserve les meilleurs restes et qu'elle les dédaigne, son petit l'imite. La dinde adoptive transmet donc au petit poulet ses erreurs d'appréciation, ou plutôt l'entraîne dans un apprentissage à sa mesure

– les contempteurs de la dinde diraient : mesure de sa bêtise ; disons : à l'échelle de ses besoins et valeurs. Le poussin rattrapera-t-il naturellement son « retard », l'écart avec le développement cognitif des autres poules, au contact de ses congénères quand je le sortirai de la volière ?

(Morale.) Cette éducation stimule la réflexion sur le caractère nécessaire de certains comportements éthiques : quand le poulet fait des bêtises et s'échappe de l'enclos, la dinde manifeste une inquiétude impuissante. Elle souffre, je compatis ; puis le poussin retrouve le chemin de la volière, je suis soulagé de la voir rassérénée. Et les jours se passent en de tels moments d'alarme et d'apaisement à la suite.

(Psychopédagogique.) Mais ce plaisir disons spéculatif est faible en comparaison du ravissement que j'ai éprouvé lorsque j'aperçus le poussin déjà un peu développé, un peu déluré dans sa confiance envers sa mère adoptive, s'élancer pour grimper sur son dos. Jaune et bavard, en équilibre instable dans le plumage noir, il avait un plaisir manifeste à se maintenir quelques secondes, semblable à un touriste blond qui s'offre, en sortant de la visite des pyramides, une balade en dromadaire, et s'égaie d'être en selle, si haut perché, secoué par sa monture, menacé de chute. D'ailleurs le poussin glissait bientôt, retombait lestement sur la paille. Mais le spectacle n'était pas terminé. Je soupçonnai que le divertissement provenait aussi de ce que cette mère, qu'il regardait avec un émerveillement dans lequel je soupçonnais qu'il se mêlât un peu de terreur, se soit provisoirement muée en une grande balançoire disponible à ses jeux, sur laquelle il entendait grimper de nouveau. Jouissance infantile de penser pouvoir profiter en toute impunité, jouissance d'autant plus forte qu'elle est presque aussitôt démentie : la dinde s'esquivait, insensible à l'amusement de l'enfant, et peut-être inconsciente de ce que son grand corps soit pour lui l'objet d'une aussi formidable transformation. Mais le poulet la rejoignait en quelques enjambées, il pépiait, et j'entendais qu'il lui criait « sur ton dos, maman, sur ton dos », comme un enfant réclame d'être porté sur les épaules, pour le plaisir d'être à la fois en sécurité et dans une position dangereuse, et de faire un grand corps à deux – proportionnel sans doute à l'idée qu'il se fait de la disponibilité à laquelle sa mère l'a habitué et qu'il attend donc d'elle comme si elle allait de soi.

Alors que j'écris, cet été est déjà loin et jamais poule ne fut chez nous d'une si impérieuse blondeur, et d'un port plus princier. La sollicitude inconditionnelle de sa mère adoptive semble s'être épanouie dans cette chair qui commence à peine à s'alourdir.

SUR LA LIGNE DE CRÊTE

Cette année, une poule cou-nu (l'espèce originaire de Transylvanie) me surprend. La voilà qui couve, cinq poussins éclosent, trois sont mort-nés, l'un se perd, l'autre survit. Il est plein de vitalité, avec sa tête coiffée d'un casque de duvet et son cou bien dénudé - cette fois pas de doute, il est bien l'enfant de sa mère - il a tout l'air d'un moinillon. Il vibre de l'envie de courir, s'élance, trébuche tous les trois pas, se relève, recommence. Je passerais des heures près de sa génitrice à surveiller ses ébats maladroits et néanmoins décidés, semblables à ceux d'un culbuto mécanique. À cette différence près qu'elle lui répond dès qu'il piaille, c'est-à-dire presque toutes les cinq secondes, et que j'en suis réduit à un rôle mutique.

Astreint au silence, discrètement passionné par ces langages qui m'entourent. Enquête à faire, sur la ligne de crête.

Et puis d'un coup elle se désintéresse de son petit, le laisse piauler sans répondre, se hisse sur son perchoir pour y passer la nuit, l'abandonne à terre alors qu'il s'égosille. Qu'a-t-il fait de mal ? Je la gronde, la saisis pour la rapprocher de lui, elle fait mine de se repentir, mais le cœur n'y est pas et le matin suivant je la retrouve sur sa perche, indifférente. Pendant quelques jours je vois l'enfant mal-aimé s'exténuer à poursuivre sa génitrice.

Puis plus rien. Il disparaît.

La même dinde, l'année d'après,
recommence le manège de couver des œufs de poules. Une dizaine. Trois éclosent. Un poussin survit. Mais bientôt elle lui marche dessus et il périt.

Elle recommence à couver. À nouveau des œufs éclosent, à nouveau un poussin grandit, beau et fort et il fait sa fierté, mais voilà mais voilà un jour il disparaît – la faute à la fouine au grillage où il aura enfilé sa tête et dont il n'aura pas su l'en dégager au Destin à Dieu – qu'en sais-je ? La dinde derechef privée d'enfant grimpe sur son perchoir et la tête vers la cloison déprime.

Depuis lors je dois la pousser le matin pour qu'elle ait seulement l'idée d'en descendre et d'aller se nourrir.

L'affligée sans fin.

AUX DÉBUTS DE MON POULAILLER, j'ai acheté en bloc sa basse-cour à un homme qui s'apprêtait à déménager, et j'ai ainsi acquis en plus des poules naines (parmi lesquelles la Va-nu-pieds), quelques volailles plus très jeunes – à Dieu vat ! Je ne savais, alors, pas trop évaluer leur âge (depuis, j'ai appris, c'est aux pattes qu'il faut regarder : la peau agréablement colorée du jaune ou du rose à l'orange ou au rouge foncé progressivement s'épaissit et se boursoufle), mais l'une d'elle était manifestement vieille. C'était une petite rousse percluse de rhumatismes, qui, à l'heure bénie du seau blanc, se mettait bravement en route mais à qui il arrivait de s'arrêter pour faire une sieste dans l'herbe. Pour l'encourager, je la prenais dans mes mains où, rapetissée par l'âge, recroquevillée de fatigue, elle aurait presque tenu entière. Une fois même, elle s'y rendormit aussitôt.

Rares sont les poules qui atteignent l'âge canonique (la maladie, la fouine, le renard, le propriétaire). Heureuses en sont-elles, peut-être.

À l'évidence la petite vieille souffrait, et quand je décidai de l'attraper – « la vieille ! c'est fini pour toi ! », je sentis son corps s'abandonner au creux de mes mains, détendu, comme soulagé d'avance de ses douleurs.

S'IL N'Y A PERSONNE À LA MAISON, C'EST Y. QUI VIENT « SOIGNER LES BÊTES ».

Les chats surtout, les poules aussi. Quand j'arrive à la maison ce soir, je trouve un mot qu'elle a laissé sur le meuble de la cuisine : *Il y a une poule de morte dans la paille.*

D'autres fois (de tels décès ne sont pas si rares), c'est un vrai petit poème, tracé d'une écriture ronde et légèrement descendante (je soupçonne Y. d'être sous ses allures d'accorte ménagère une schopenhauerienne compulsive) :

il y a une Poule de morte
dans le poulailler
elle est morte sur le nid

Poésie invraisemblable des jours ordinaires.

LES DRAGUEURS

Deux coqs nains avaient surgi de la campagne. En quête de grain et de compagnie, mais assurément aussi de mauvais coups. Je les pris pour une aubaine tombée du ciel, sortie des champs : j'ouvris la porte. Ils la passèrent docilement et se laissèrent enfermer dans l'enclos.

Ils étaient apparus comme par enchantement. Nous n'avons jamais su d'où. Nous supposâmes - plus tard, trop tard ! - qu'un précédent propriétaire s'en était discrètement débarrassé : la voiture s'arrête, deux volatiles en sont éjectés, le chauffeur repart en trombe dans la campagne. Nous héritons des mauvais drôles.

J'avais l'impression qu'ils étaient sortis d'un conte russe. Ils étaient merveilleusement bariolés. Ils s'aventuraient dans le pré, et aujourd'hui encore je ressens de la joie à me souvenir du mouvement pendulaire de leurs deux ovales d'or, noir et rouge, sur le fond de verdure. Ils déambulaient, se pavanaient.

Mais ce plumage, précisément, aurait dû nous alerter : multicolore, un peu m'as-tu-vu, dénotant un lignage prestigieux (holandskriel, d'après les livres) que quelques générations pouvaient avoir abâtardi – ou anobli, selon le point de vue. Petits péteux.

Les coqs teigneux ne tardèrent pas à terroriser le monde. Chenapans, graine de voyous, dragueurs, hooligans, obsédés sexuels. Avec eux s'abattait la sombre époque de domination machiste qui désolerait le poulailler.

Je fus à la même époque pris de court par de nombreux jeunes poulets devenus coqs. La proportion sacrée (10 femelles pour 1 mâle) vola en éclat. Les statistiques sont sans appel : en moyenne, un coq coche « vingt à trente fois par jour » (comme déjà dit). Les miens, six dont les deux nains hyperactifs, cocheraient donc bientôt entre cent vingt et cent cinquante fois par jour ; quotidiennement, chacune des quinze poules passerait dix fois à la casserole (mais cela n'était qu'une moyenne, car certaines d'entre elles, pas les plus belles à nos yeux, sont plus courues que les autres).

Le plus grand nombre d'entre elles endurait vaille que vaille leur destin, mais quelques-unes se rebellaient, s'enfuyant d'un bout à l'autre du pré quand un mâle en rut les poursuivait, ou deux ou trois qui faisaient la course et se la disputaient, maintenus par la compétition même dans un état de frustration permanente. Les proies perdirent leurs plumes, résultat du cochage lui-même, durant lequel le mâle fait mal, pince la crête et pique le dos, et d'une prostration pathétique qu'elles manifestaient en se plaquant contre terre, inertes, attendant que l'orage passe.

*

La plus gravement atteinte de ce syndrome de femme battue prit définitivement ses quartiers dans la bergerie, vivant dans un compagnonnage assez distant avec les brebis, presque en ermite, et poussant contre toute intrusion des cris de vieille acariâtre.

(Les quelques rémiges subsistant sur ce corps de poule plumée vive me fait penser aux longues mèches de cheveux qui, dans les images inspirées par sainte Madeleine du Désert et autres anachorètes du christianisme primitif, cachent très imparfaitement leur corps nu. À la différence près que, pour la plupart, les peintres anciens profitèrent du motif de Madeleine pour représenter de belles déshabillées :

l'analogie ne vaudrait qu'avec une œuvre – existe-t-elle ? – montrant la femme ermite mise à mal par l'épreuve, le corps émacié, le derme squameux, suggérant au spectateur de mauvaises odeurs.)

Sauf sur les ailes, la poule recluse a maintenant la peau presque complètement à nu, immense cicatrice rouge, comme un grand brûlé. Je la vois sortir des hortensias où elle se cache, elle pousse un caquètement strident dès qu'elle me repère. Cette vision pas très plaisante appelle le respect : la poule affreuse porte assez vaillamment sa laideur, comme le signe permanent de son calvaire passé. En l'arborant à sa manière revêche d'animal perpétuellement sur la défensive, elle fait aussi montre de dignité dans l'infortune. Le sait-elle ? Sait-elle que je comprends tout cela ? Que j'accepte qu'elle se tienne à l'écart, barricadée dans un stoïcisme ombrageux, et m'interdise tout signe de compassion ? Je me perds en supputations. À défaut, j'écris. Mais, il faut que je l'accepte, ma poule philosophe, ma martyre affolée, et sainte à sa manière, et dont le comportement est si proche d'un discours argumenté, ne saura jamais lire, ni qu'elle ne sait pas lire, etc. Telle est la limite, vertigineusement démultipliée, de l'empathie. Morale nécessaire, morale inutile.

*

Retours aux petits coqs crâneurs. Le vent d'un féminisme anxieux souffla bientôt sur ma basse-cour. D'un coup, toutes les poules cessèrent de pondre. Je fus long à prendre la mesure du traumatisme. Les deux dragueurs de malheur furent les premiers à faire les frais d'une reprise en main radicale. Je les attrapai, tuai, plumai, découpai, et ils furent mangés. Et ce n'est qu'au bout d'un abattage méthodique, qui fit disparaître des jeunes au plumage et à la vitalité magnifiques, que le calme revint. Longtemps contrarié, le cycle vital qu'apporte en principe le printemps – afflux de pondaisons, couvaisons, éclosions – reprit en plein automne. Les poussins à peine éclos picorent aujourd'hui dans les feuilles mortes, cibles toutes désignées des frimas qui commencent.

Mais l'ermite, définitivement rétive sur le sujet, fut incapable d'entendre la nouvelle de cette accalmie. Elle continue à hanter le côté des moutons, en rougeoyant et en hurlant dès qu'on l'approche. Ainsi fera-t-elle jusqu'à sa mort naturelle, et peut-être encore au-delà : car comment penser qu'une telle injure, une telle révolte, une telle endurance ne laissent pas flotter dans le pré, longtemps encore après sa disparition physique, et comme la marque de son supplice, l'image ovale de son corps déplumé ?

LA NATURE EST DIFFICILE.

L'une de nos quatre cannes de Barbarie, spécialement protégée par J., avait eu cinq petits, qu'elle promenait avec orgueil dans le pré. Mère anxieuse autant qu'elle était fière de sa volée et consciente, peut-être, d'être mal armée pour la défendre des périls. Le premier caneton, un rat l'a tué, le second c'est la pie, le troisième s'est étranglé dans le grillage, le quatrième semble avoir péri d'indigestion, et je retrouvai le cinquième flottant inerte sur la mare. Pauvres canards! Pauvre canne! Pauvre J. !

Un peu plus tard dans l'été, l'une de nos quatre cannes de Barbarie a déserté. Elle est partie, sans doute pour mourir à l'abri des regards.

Je ne peux m'empêcher de penser que c'était la même, et que, de chagrin...

DIEU DÉSOLÉ FRONCE LE SOURCIL

quand le monde qu'il a mal réglé péclote
dans la grange G. pend au bout d'une corde

le pré où les poules couratent, vaquent et s'ébattent, lui apparaît soudain comme « le champ du Sang ».

SA TÊTE ONDOIE.

Un beau petit poussin bien tonique. Dans l'œuf, il s'est développé à partir du jaune. Au premier jour de sa vie, il a tiré du blanc sa nourriture. Après, la lutte a commencé. Au jardin, c'est Darwin tous les jours.

Mon poussin donne des signes de faiblesse. Sa mère mystérieusement alertée renonce, sans détresse apparente, et bientôt le délaisse. Il approche déjà de son trépas. Tassé sur lui-même, inerte, il ferme les yeux, l'air meurtri.

Soucieux d'abréger ses souffrances ou du moins une existence désormais vaine, je le prends dans ma main au creux de laquelle il s'affaisse sans résistance. Je le plonge dans la tonne d'eau. Le voilà noyé.

À la surface, la nuque relâchée laisse flotter la tête que les muscles, les tendons et l'ossature n'ont désormais plus d'intérêt à jointoyer avec le tronc.

Le cou en retombant désactive l'énergie qui maintenait l'ensemble en tension, comme un doigt dressé dans la ganse d'une marionnette. Le corps fléchit. Je scrute sa dérive hésitante à la surface de l'eau : danse minuscule de bois flotté agité par les vaguelettes ; abandon contradictoire qui le transforme en extrémité à la fois d'un flasque cadavre dont j'aurai tôt fait (ma propre tête hochant de dépit pour la chance manquée d'une vie supplémentaire, et de chagrin pour la vie perdue) de me débarrasser dans un coin du jardin, et d'un autre corps dispos, prêt à se laisser emporter par le flux bienfaisant, une eau nouvelle qui clapote vers un invisible lointain.

Maman morte dans un spasme avait pareillement la tête déjetée sur le côté, comme si du corps sans vie une partie s'était décollée, au-delà de la chair qui roidissait, tendant à se déporter vers un mode de subsistance plus ténu, quasi insensible, et, en abandonnant son pareil plus dense, à en devenir, peut-être, le double plus clair. Concentré sur sa ligne de fuite.

Seulement « peut-être » : une part de la délicatesse de ce mouvement provient de l'indécision où il nous laisse, nous ignorons s'il est destiné à s'achever ou même à advenir.

Départ imperceptible, infini.

Sa tête ondoie.

« DE SA BONNE MORT »

La Va-nu-pieds (la grande actrice du Miracle de l'Hostie) a bien dû finir par mourir. Je l'avais donnée à une mémé qui « aimait les naines » (poules de Cayenne, s'entend) et s'opposait à l'idée de les tuer.

La mort, ma poule l'aura peut-être guettée.

Je la soupçonne (elle était si comédienne !) de l'avoir un peu mise en scène.

Probable qu'elle se soit perchée à la cime d'un haut thuya, attendant, accrochée à la branche, qu'arrive le vol ultime qui la fracasserait à terre. Ou bien n'en aura-t-elle pas eu la force, et se sera-t-elle contentée de se traîner sous le thuya pour faire croire à la mémé qu'elle s'était hissée jusqu'à la cime en signe de dernier défi ?

La mémé a-t-elle trouvé l'oiseau déjà froid et roide, l'a-t-elle enterré en secouant la tête ?

Ou bien au contraire la Va-nu-pieds s'est-elle cachée dans un bosquet, pour dissimuler sa mort aussi astucieusement que, de son vivant, tant de ses occupations qui nous sont restées secrètes ?

En haut ou en bas de l'arbre, du thuya bien connu ou d'un arbre qu'on ne saura pas – qu'importe ? Je vois, noir dans la nuit noire, son regard vif entrecoupé de rares et imperceptibles battements de paupières, occupé à guetter le moment de sa propre extinction, déversant ce qui lui reste de force dans sa pupille pour que celle-ci soit encore impeccablement ronde d'opiniâtreté au moment où le cercle de la mort la saisira, comme je t'ai saisie, ma poule, lorsque je t'eus aperçue dessous les fagots, et comme j'espère Dieu me saisira quand il viendra sans son seau blanc : la prunelle palpitante où bat l'envie de picorer, de courater, de vaquer, de faire des œufs, des fugues, des siestes, le tour des lieux.

VISION DIFFÉRENCIÉE

L'œil rond et les paupières sans cils des poules inspirent à certains de la répulsion, peut-être de l'appréhension (peur du rapace ?). J'observe quant à moi ce regard toujours en activité, imprimant à la tête de fréquentes petites secousses destinées à corriger constamment l'angle de vision. Petit, j'admirais ma tante religieuse parce qu'elle clignait sans cesse des paupières, ce qui conférait à son visage un air futé, un peu moqueur, et en même temps inspiré ; plus tard, je retrouvai cette physionomie de sphinx espiègle chez le Président de la République, F. M. Signe ambigu : chez lui elle était symptôme de ruse, chez elle, l'indice d'une seconde vue qui faisait fi des apparences.

Les yeux des poules, les savants l'ont écrit, regardent indépendamment l'un de l'autre : le droit, affecté à la vision de près, scrute le sol en quête de nourriture, le gauche, pour la vision de loin, veille, prêt à détecter les intrusions – le prédateur, le maître, Dieu. En scrutant votre monde de vos coups d'œil furtifs, à quoi pensez-vous, ma tante, monsieur le président, ma poule ?

J'ai peut-être adapté intuitivement mon comportement à cet exercice de vision différenciée.

Regard de droite : confiance, jouissance partagée ; regard de gauche : un peu d'angoisse.

Mon hésitation entre les deux, lunettes roses – lunettes noires, a quelque chose de cocasse.

Alternativement, plénitude et doute de poule effarouchée.

Obéissant au réalisme du garde-manger, je suis capable d'abattre une demi-douzaine de bêtes dans l'après-midi, et le lendemain matin d'ouvrir ma fenêtre pour jouer au poète.

Je me plonge dans l'air frisquet plein de chants d'oiseaux, et soudain la plainte sublime de la poule bleue victime d'une fâcheuse confusion traverse le temps pour bruire à mon oreille.

Le champ m'apparaît comme la grande paume ouverte de Dieu. Mais il refermera la main sur moi.

LE CRI DU COQ

Le cri du coq est communément identifié à un chant (c'est comme ça qu'on dit, « chant du coq ») : tonique, vital, potentiellement belliqueux. Pourtant, à l'aube, quand je suis à mon poste, c'est bien un cri que j'entends, un son déchirant qui se répète dans l'espoir d'alerter son monde d'une calamité à venir, toute proche.

TABLE

Cet ouvrage a été composé par IGS-CP

Imprimé en France
par JOUVE-PRINT
733, rue Saint-Léonard, 53100 Mayenne
juin 2021 - N° 2964893L

JOUVE-PRINT est titulaire du label imprim'vert®